JN175452

新鉄客商売

本気になって何が悪い

JR九州・会長
唐池恒二(からいけこうじ)

PHP

本気になって何が悪い

本気にまえがき

そんなことできるわけがない。

誰もがそう思っていたことを、ＪＲ九州は〝やってのけた〟。

それも一度のみならず、二度三度と、だ。

〝やってのけた〟ことは、前著『鉄客商売』でも紹介し、本書にもたっぷりとしたためさせていただいた。


あるとき、新聞記者の方にふいに尋ねられた。

「ＪＲ九州はなぜ、あんなことやこんなことを〝やってのける〟ことができたのでしょうか」

とっさに答えた。

「〝本気〟でやったから」

「〝本気〟で？」

「はい。本気になって何が悪い。夢をみて何が悪い。そう思いながら、ここまでやってきました」


〝やってのけた〟仲間のひとりが、デザイナーの水戸岡鋭治さんだ。

水戸岡さんには、鉄道界で当世一番の売れっ子である水戸岡先生には、なんと恐れ多いことに、本書の章末の対談にご登場いただいた。

全国を走りまわっている水戸岡さんを対談のために長時間〝身柄拘束〟してしまったことを申し訳なく思っている。しかし、その甲斐あって、とても内容の濃い、面白い対談となった。

水戸岡さんだからこそ、本編十八章にもわたって綴った「本気になって」やってきたエピソードの数々に丁寧にお付き合いいただけたと思う。思い返せば、私は次々と夢を語り、水戸岡さんはときどき私の話をさりげなく右から左に受け流したりもしながら、結局いつも渾身の力を込めたデザインを生み出し、積み上げてくださった。

そんな私たちの意をもう何年も前から汲んできたかのように鮮やかな表紙画や本編中の挿画を描いてくださったのが山口晃(あきら)さんだ。

ビジネス書のジャンルではあるまじき、本書中の楽屋ネタのようなコラムでも紹介しているが、ほんとうにヘンな画家である。生まれた時代を間違えたのか、描いていただいた九州の景色がいったいいつの時代のものだか、一瞬わからなくなる。なんとも不思議な感覚だ。

山口画伯が描かれたのは、この三十年、私たちＪＲ九州が積み上げてきた紛うことなき「本気」そのものである。

よく観ていただきたい。

先頭車両に、困難を斬り破ってきたのであろう本気ならぬ本身を差したサムライがいて、ホテルが建つ傍らに、当社が誇る国際航路の高速船「ビートル」が走り、その後列で私が全力を傾けた外食事業のシンボル的店舗「うまや」が繁盛している。「うまや」の右手にはケーブルが伸びる。どうやら東京進出の際の先遣隊を表しているらしい。

その手前には当社が近年、水戸岡さんと共に取り組んできた新しいかたちの駅が人々を迎え、緑麗しい田畑に臨んでいる。

さらに目を移すと、ななつ星の先頭車両がのぞいている。奥にはさりげなく「世界一」と幕の字が見える。

そうだ。私たちは国鉄分割民営化から三十年を経て、「世界一」をめざす者となった。

何が世界一か。

「本気度」だ。

本気になってやってきたから、ここまで走ってきたのだ。喩えるなら、敷かれてもいなかったレールの上を、である。

本書の発刊にあたり、鬼編集長ぶりを遺憾なく発揮していただいた染川宣大さん、本書の出版にあまり乗り気でなかった（笑）ＰＨＰ研究所社内を見事に口説き落としてくれた佐藤義行さん、松本公一さん、そして専務の山崎至朗さん、そのほか本書にて無断で書かせていただき、ご登場いただいた皆さまにお礼申し上げる。

そして何より、『本気になって何が悪い』を手にとっていただいた皆さま、ほんとうにありがとう。

唐池恒二

二〇一七年八月

目次

本気にまえがき……3

上場までの道のり①　逆境と屈辱……10
本音で申す　言いたいことがあるはずだ

上場までの道のり②　グッドデザイン　イズ　グッドビジネス……28
本音で申す　参考にした北海道の先進デザイン

会社人生をまるっと変えた四カ月　丸井学校への入学……42
本音で申す　「脱皮しない蛇は死ぬ」

玄界灘、波高し①
本音で申す みんなで見たこともないものを目指す
たからものの社員たち……64

玄界灘、波高し②
本音で申す 高いハードルが濃い交流を生んだ
ケンチャナヨ課長……82

「外食王」への道 第二幕①
本音で申す 手間を惜しまずにやったことがヒット
レストランはメーカーである……106

「外食王」への道 第二幕②
本音で申す 文字までおいしそうに
上・京・物・語……130

「外食王」への道 第二幕③
本音で申す お客さまがその気になってこそ
最高の大家さん……150

「南九州観光調査開発委員会」のこと①
本音で申す 気づき発――即断経由――アクション行
会議は走る……166

「南九州観光調査開発委員会」のこと②
本音で申す 「持ち帰ります」だと決まらないのだ
なんとなくカツオではダメなのだ……184

コラム 画伯と歩く……198

「エル・ブリ」に学んだこと
本音で申す 「ありえない」ことを積み重ねた
世界一をめざすがゆえに……210

上場までの道のり③
本音で申す 「鉄道以外」の成否はヒトがすべてだった
これが本気の人事だ……230

農業をはじめた
本音で申す もっと農業にデザインを
動物記……244

或る仕事論
本音で申す 宴会の名幹事は仕事もできる
競争は力なり……264

きっかけは「日本一の朝ごはん」 日本一のたまご……290
本音で申す 「ななつ星」は「七つ星」だったかもしれない

宮崎・飫肥という理想形 まちの三題噺……308
本音で申す どの部署もやりたくなさそうだった「ななつ星」

その気にさせる力① いつでも最新の夢を……330
本音で申す すべてを整理・整頓してから真似る

その気にさせる力② 本気を伝える戦略……350
本音で申す 社内文書ゴシック令

「本気」の学び……368

上場までの道のり①

逆境と屈辱

1977年（昭和52年）　国鉄に入社

1987年（昭和62年）

JR九州に「入社」

［逆境と屈辱］

＊国鉄分割民営化がなされた1987年。全国の国鉄社員たちは、分割された後、新たに誕生した全国6つの旅客会社、ひとつの貨物会社と関連会社のいずれかに「入社」となった。唐池恒二は、JR九州入社組となったが、聞かされた「ある言葉」に愕然とし、燃えるような屈辱感を覚える。

1988年（昭和63年）　丸井で研修

SL「あそBOY」デビュー

1989年（平成元年）　特急「ゆふいんの森」デビュー

船舶事業の準備をスタート

１９９１年（平成3年）　「ビートル」国際航路開設

１９９３年（平成5年）　外食事業に着手

１９９６年（平成8年）　外食の新会社を創設

２０００年（平成12年）　外食会社の社長に復帰

２００２年（平成14年）　東京・赤坂にレストランオープン

２００３年（平成15年）　「南九州観光調査開発委員会」を発足

「サービスランキング」を実施

社の信条に「4S（後に5S）」を加える

２００４年（平成16年）　九州新幹線部分開業を指揮

２００６年（平成18年）　会社初のM&A交渉を担当

２００９年（平成21年）　ＪＲ九州の社長に就任

２０１０年（平成22年）　農業に参入

２０１１年（平成23年）　「ＪＲ博多シティ」オープン

九州新幹線全線開業

２０１２年（平成24年）　「うちのたまご」発売

２０１３年（平成25年）　「ななつ星 in 九州」運行開始

２０１４年（平成26年）　ＪＲ九州の会長に就任

２０１６年（平成28年）　「駅から三百歩横丁」を博多にひらく

株式上場を果たす

２０１７年（平成29年）　ＪＲ発足30周年を迎える

燃えるような屈辱感

逆境にはじまったＪＲ九州は昨年、幾多の試練を乗り越え、悲願を達成した。

二〇一六年十月二十五日、ＪＲ九州が会社発足三十年目にして〝ようやく〟株式上場を果たした。

〝ようやく〟は、人によっては〝ほぼ予定通り〟。あるいは、〝予想外に早く〟という人もいる。〝まさか〟と感じている人もいる。実のところ**〝まさか〟と感じる人々が圧倒的多数**を占めている。

少なくともＪＲ発足の時点で、ＪＲ九州が株式上場することを予想できた人はほとんどいなかっただろう。

一九八七年四月、前年十一月に成立した「日本国有鉄道改革法」にもとづき国鉄の分割民営化が実施された。

これにより、**公共企業体、いわゆる〝三公社〟**はすべて特殊会社に移行した。同時に、北海道、東日本、東海、西日本、四国、九州の六つの旅客会社とひとつの貨物会社の七つのＪＲが誕生したのだ。

ちなみに、公共企業体とは、昭和二〇年代半ばにわが国に導入された経営形態で、公共的な事業を民間に準じた独立採算制のもとで経営していこうとしたものだ。「官」と「民」の両方のいいところを組み合わせようという発想のもとにつくられた。

我が国には、日本専売公社、日本電信電話公社、そして日本国有鉄道（国鉄）の三つの公共企業体が存在し、〝三公社〟と呼ばれていた。

高度成長時代には、三公社は日本経済の発展に大きな役割を果たした。高度成長が終焉を迎えると、三公社はその硬直的な組織形態のために経済構造の変化に対応していけなくなりはじめた。特に、国鉄において「官」と「民」のそれぞれの悪いところだけが一気に増殖していった感がある。

一九八五年に日本専売公社が日本たばこ産業株式会社（ＪＴ）に、日本電信電話公社が日本電信電話株式会社（ＮＴＴ）にそれぞれ移行した。

最後に残った**国鉄は、他の二社とは違い、実質経営破綻し解体**となったのだが、一九八七年にＪＲとして再生された。

「三公社」という言葉が死語となったのが、この一九八七年だ。学生時代に見た就職試験問題集の中には、「三公社とは何か」という問題がかなり頻出していたが、今はその種の印刷物にはまったくこの言葉は出てこない。

廃れて存在意義をなくす言葉もあれば、新しく人々の口の端にのぼる言葉もある。

この時期に新しい言葉が誕生した。この新語が、私たちＪＲ九州の人間に与えた衝撃は相当なものだった。

私などは、その言葉を聞いた瞬間に**屈辱感で体中が燃えるように感じたほどだ。**

その新語については、後段で述べる。

歯を食いしばって出した経常利益

東日本、東海、西日本の本州の三つのＪＲは、人口が稠密な東京、名古屋、京阪神の三大都市圏をエリアに含み、ドル箱となる都市圏輸送や新幹線を持ち、安定した経営が当初から見込まれていた。

実際、一九九三年のＪＲ東日本を皮切りに、一九九六年ＪＲ西日本、一九九七年ＪＲ東海と、本州三社はいずれも発足から十年以内に株式上場を、いずれも部分的に実現させている。

その後、三社とも段階的な**分割売却**を続け、二〇〇六年までに**完全民営化**（国が保有する株式を全株売却して民間の企業と同等の扱いになること）を果たした。

一方、北海道、四国、九州のJR三社は、分割エリアが確定した時点ですでに、経営が将来も持続できるか不安視されていた。

この三社のエリアには、三大都市圏に匹敵するような大きな市場もなく、新幹線も当時は運行されていない。おまけに、これらの地域は少子高齢化のテンポが速く人口減少も加速度的に進行することが予想された。国鉄時代も、この三社の鉄道線区の大半が赤字ローカル線だった。

国鉄の膨大な長期債務については、本州JR三社が引き継ぎ、北海道、四国、九州の本州以外の三社は引き継ぐことを免除された。その代わりに、本州以外の三社は鉄道事業の多額の赤字を引き継ぐこととなった。

本州以外の三社の鉄道事業の赤字に対し、国は、法律にもとづき**経営安定基金**なるものを創設した。JR九州でいえば、分割民営時に三、八七七億円の基金を国からJR九州に交付し、その**運用益で鉄道の赤字を補塡**(ほてん)するというスキームが与えられた。

発足初年度、一九八七年度の数字で見ると、**鉄道旅客運輸収入事業が一、〇六九億円**で、単体決算（JR九州単独の決算／当時はこの単体決算のみ実施）の営業赤字が二八八億円となっている。

ちなみに、その年の経営安定基金の運用益は二八三億円。赤字のほとんどが賄われた勘定だ。当時の長期金利の平均が七・三％ということから、年間二八〇億円程度の運用益が確保されるという前提で逆算されて、基金の三、八七七億円が設定された。

ところが、ＪＲが発足して数年で我が国は低金利時代に突入し、皆さんご存じのように現在も超低金利が続いている。

ＪＲ発足十年後の一九九七年度の経営安定基金の運用益は一六七億円。率にして四・三％まで下がった。発足当初の赤字額なら到底補填額には届かない。しかし、一九九七年度の営業赤字は単体決算で一七三億円、連結決算（単体決算＋その他関連事業すべて）で一五二億円まで圧縮されていた。まさに会社の経営努力によるものだった。

株式上場の四年前、二〇一二年度になると基金の運用益は九七億円。率にして二・五％と、とうとう一〇〇億円を下回った。それでも、歯を食いしばった。営業赤字は解消され、単体で一五億円、連結で一二〇億円の黒字を手にすることができた。

上場の前年度の二〇一五年度には単体で五四億円、連結で二〇八億円の黒字を計上した。ちなみに同年度の営業収益（売上高のこと）は単体で二、一一一億円、連結で**三、七七九億円**となった。ＪＲ発足時とは単純に比較できない数字や項目もあるが、**三十年で四倍近い売り上げ増**という道のりは、社員一同大いに胸を張っていいものだろうと思う。

こうした努力が認められ、二〇一五年一月に国土交通省の「ＪＲ九州完全民営化プロジェクトチーム」がとりまとめた報告書の中では、次のように述べられている。

「同社（筆者注・ＪＲ九州）については、良好な経営状況を継続しており、一般的な民間会社と比べても遜色ない利益水準にある（中略）……国による後見的な助成・監督の必要性がなくなり、完全民営化の条件が整ったと判断される（後略）」

この報告のあと、ＪＲ九州の完全民営化ためのＪＲ会社法改正法案が国会で審議され、無事二〇一五年六月に可決、成立した。

二〇一六年十月二十五日、ＪＲ九州は全株式を売却。同日に東京証券取引所市場第一部、翌二十六日に福岡証券取引所に上場し、それにより同時に完全民営化を果たした。

発足当初は、**ＪＲ九州が上場するなんてほとんどの人が予想しなかった**。上場どころか、ＪＲ九州はいったいいつまで持つのかと心配をする人のほうが圧倒的に多かっただろう。

もともと国鉄時代の九州の鉄道は大赤字だった。何もしないと、じり貧になることは間違いないといわれていた。

加えて、ＪＲ発足に合わせるかのように九州内の高速道路の整備が一気に進んでいった。マイカーや高速バスとの競争が、国鉄時代よりも激しくなった。

さらに、九州の人口減少のスピードは、全国平均よりもかなり速いペースで進むことが予想されていた。実際にそのとおりになった。鉄道の利用人員は、かなりの程度が沿線の人口に比例する。特に沿線の生産年齢人口（十五歳以上六十五歳未満）の減少は、鉄道収入を押し下げる要因となりやすい。

さらに九州は、日本の中でも自然災害が多く発生する地域だ。ＪＲ九州発足後も、甚大な被害を伴う災害に何度も見舞われた。

台風は、毎年必ず二つや三つは上陸または接近する。台風の接近だけでも一日か二日は九州の一部の線区の運転を見合わせることとなる。台風がひとたび上陸すると線路が激しく傷み、長期間運転を中止することもしばしば。

そして豪雨。豪雨による鉄道への影響は台風のそれよりも大きいことが多い。近年は全国至るところでゲリラ豪雨が発生し大きな被害をもたらしているが、十年ほど前までは集中豪雨といえば九州といわれたように、九州では毎年のように大水害が発生した。

一九九〇年七月の阿蘇地区の集中豪雨。

一九九三年八月の鹿児島地区の大水害。

同年九月の台風一三号による豊肥本線、日豊本線、久大本線など各線区での被害。
二〇〇三年七月の長崎地区の集中豪雨による落石。
二〇〇四年九月の台風一八号による豊肥本線の土砂崩壊。
二〇一二年七月の九州北部豪雨。
二〇一七年七月の九州北部豪雨。

こうしたメディアで大きく報じられた大災害以外にも、大雨による土砂崩れで線路が破損したり、流されるなどして、列車の運転を長期間中止した事例は数え切れない。

国鉄時代以来の大赤字、他の輸送機関との競争激化、人口減少、頻発する自然災害。

ＪＲ九州の鉄道事業には、発足当初からもうこれだけの壁が立ちふさがっていた。いわばまったくの**逆境からスタートした集団だったのだ**。

なぜ、そんな我々が悲願の株式上場を果たすことができたのか。

なぜ、ここまでやってこられたのか。

いろんな見解はあろう。ただ、極めて個人的な思いを述べるならば、その理由は大きく二つである。

本州三社と北海道、四国、九州

まずひとつは、逆境と屈辱をバネに這い上がろうとする**強い精神力**が、初代社長の石井幸孝さんをはじめすべての社員にあったことだ。

逆境については、先に述べたとおりだ。

では、章の冒頭で述べた**屈辱**とは何か。

先述したように、一九八七年の国鉄改革により国鉄が解体され、ＪＲが誕生したとき、「三公社」という言葉が死語となった。

同時にひとつの新しい言葉が使われだした。言い出しっぺは、どうも国鉄改革の担当官庁であった旧運輸省あたりらしい。すぐに新聞などのメディアが飛びついた。あっという間に全国に広がった。一～二年経つと、その言葉は、あたかも昔から使われていたかのように誰も違和感を覚えなくなった。

（昔からその言葉はあったかも……駄洒落は慎むことにする）

その言葉というのが、「**三島**(さんとう)」だ。

（最近、あらためて驚いた。この原稿は、ノートパソコンを使って書き綴っているのだが、キーボードで「さんとう」と入力し、変換キーを押すと早々に「三島」と表示される。この言葉は、もうここまで市民権を得たのかと、ワープロソフトの順応の速さに少々恨めしい気持ちになる）

私たちが子供のころは、「島」といえば、それも大きな「島」といえば、佐渡島か奄美大島か淡路島を思い浮かべたものだ。

それがどうだ。「三島」という言葉の出現以来、北海道と四国と九州が「島」になったのだ。「三島」とは、その三つのエリアを総称する言葉として使われるようになった。必ず前後にＪＲがくっついて、「**ＪＲ三島会社**」とか「三島のＪＲ」といった具合で使われるようになった。**ＪＲ北海道、ＪＲ四国、ＪＲ九州の三社のことをまとめてこう呼ぶようになったのだ。**

一方、これに対する当然の用法として、本州のＪＲ東日本、ＪＲ東海、ＪＲ西日本の三社は「**ＪＲ本州三社**」とまとめて呼ばれるようになった。

この「三島」という言葉が登場したころ、東京あるいは中央官庁の、地方を見下した傲慢さを感じずにはいられなかった。

大方の予想通り、「本州三社」は、発足するとたちまち大きな黒字を計上し、優良企業への確かな道をひた走ることとなった。一方、「三島会社」は、発足後も予想通り厳しい経営状況が続いた。

これらは事実だから仕方がない。私が憤ったのは、そういうことではない。「本州三社」の好調な業績は、三社それぞれの経営陣や社員たちが優秀だからであり、「三島会社」の経営がうまく立ち行かないのは、それぞれの経営陣や社員たちが……。

このようなニュアンスで語られる場面に、たびたび出くわしたからである。

怒っていたのは私だけではない。私のまわりの幹部や幹部候補の面々はみな心から憤慨していた。おそらく、初代社長の石井さんも、口には出さないが内心、期するものがあったことだろう。

「今に見ておれ。本州三社や中央官庁を見返してやる」

こうした気持ちは、程度の差はあれ、当時のＪＲ九州のすべての社員が心の中に抱いていたと思われる。

この気持ちがあったからこそ、逆境から這い上がっていったのだ。

逆境と屈辱。この二つの言葉は、とらえ方次第で大きな力にもなる。

〝本気で〟やってきたから今がある

私が思う、ＪＲ九州が悲願の株式上場を果たすことができた、もうひとつの理由。

それは、本業である**鉄道事業の改革**と、**新規事業への挑戦**という二つの経営戦略を〝**本気で**〟実行したことだろう。

鉄道事業の改革と大げさに表現したが、実際にやってきたことは極めてシンプルなことだ。

ＪＲ九州がこの三十年の間に株式上場を実現するまでに成長したのは、駅ビル、ホテル、マンション、流通、外食などの事業の多角化を積極的に進め、鉄道以外の収益を飛躍的に伸ばしたからだ、とよく言われる。

じつはこれは、正しい評価とは言い難い。鉄道以外の事業の成長がＪＲ九州の経営を牽引してきたことは否定しない。

だがじつは、この間の**鉄道事業の収入も大きな伸びを示し**、その営業収支も大幅に改善しているのだ。

ＪＲ九州発足時の一九八七年度の鉄道収入は、一、〇六九億円。二十八年後の二〇一五年度は、一、五〇一億円。**なんと、一・四倍。**

一九八七年以前、国鉄時代の九州の鉄道は、毎年のように運賃値上げをしながら収入の減少傾向を止められずにいた。

「利用者減、運賃値上げ、減便、利用者減」という悪循環の出口が見つからなかった。九州の鉄道は成熟産業とか斜陽産業とかいわれたものだ。

それがどうだろう、JR九州発足以降の運賃値上げは、消費税がらみの値上げを除けば、阪神・淡路大震災のときに運賃値上げをした一回のみ。この三十年の間に収入を一・四倍に押し上げた。

鉄道以外のいわゆる関連事業も、実際のところは鉄道と密接な関係にある。特に、駅ビルやホテル、流通、外食などの事業は、ほとんどが駅に隣接しているから、鉄道の利用者数と収入の動向がそのままそれらの業績にも影響する。鉄道事業が衰退していけば、鉄道以外の事業も成長がままならないのだ。

事業の多角化を積極的に進められるのも、鉄道が着実に収益を伸ばし、収支改善を続けたからだ。

JR九州になって、〝本気で〟鉄道事業の改革に乗り出したのだ。

新駅の開設、列車の増発、割引きっぷの拡大など、**私鉄がやってきた増収施策は手当たり次第に実施**していった。

業務の機械化、自動化、効率化などの経費削減施策も「コスト削減に聖域なし」との考えのもとに強力に推進してきた。

しかし、これらを改革と呼んでいるのではない。今述べたことには当然力を入れてきたが、これから述べる改革とは、まったく別のものだ。

皆が常識だと固く信じていることを覆してこそ初めて、それは改革と呼べるのだと思う。

唐池恒二×水戸岡鋭治
本音で申す

言いたいことがあるはずだ

唐池　**〝ななつ星は地方創生の鑑〟**。これは鉄道好きで知られるある政治家の先生が数年前に言ってくれた言葉なんですが、国鉄分割民営化から株式上場に至った今、まさに隔世の感あり、としみじみ思いますね。

水戸岡　私の故郷・岡山も走る山陽新幹線は、新下関～小倉～博多も走っているんですが、じつはあれＪＲ西日本なんですよね。

唐池　望んだ新幹線の帰属も叶わず、運用益でなんとかと経営安定基金三、八七七億円はあてがわれたものの、まともな感覚であれば低金利時代の到来は十分予測できたことでしたから。分割民営化直後、全従業員一万五千人中の三千人といわれたＪＲ九州の余剰人員を食べさせるためには、私たちは必死に手を打ってきたわけです。

水戸岡　そういう唐池さんですが、長年一緒に仕事をしていても悲壮感のようなものを感じたことはなかった。一緒にいると、わーっと楽しい空気にしてくれる。そこに集った皆さんの顔を見ていると、なんだか私も嬉しくなってくるんですね。最近は私も見習おう、年齢と立場相応の役目を果たそうと、**唐池さんみたいに駄洒落とか笑いをとる**ことも試みているんですよ。

唐池　デザインにお笑いが加わったら、それは凄い！　しかし、私のお笑いの域に達するにはかなりの努力が必要ですぞ（笑）。

水戸岡　唐池さんの仕事術で密かに凄いと思うのは、その司会術。みんなを楽しく笑わせもするんですが、そこにいる人たちにちゃんとしゃべらせてしまうこと。それもかなり濃い内容のことをちゃんと引き出す。

唐池　キャラクターの濃い人たちにいつも囲まれているからじゃないですか（笑）。あえて言うならば、私は意見を求めるとき、**話の流れや前後のことは気にせず話してもらう**ことをよしとしているんですよ。オンリーワンとしての意見を頂戴できたらいいと。もちろん、私がそうしなくとも話の流れや空気を読まない人は山といますがね（笑）。

水戸岡　私が見る限り、この人がこんなに話すんだ！　こんなこと言うんだ！と驚く場面も数々あったんですよ。唐池さんみたいな方が同じ座にいたら、思いもかけない意見や考えを述べてしまう人、この日本に結構たくさんいるんだろうと思うんです。

唐池　私も、水戸岡さんがこんなにいっぱいしゃべる人だとは初めのころは思いもしませんでした（笑）。真面目な話、あなたはデザイナーだけど、ときどき思想家としか思えない。

水戸岡　実際、私はＪＲ九州初代社長の石井さんとの縁に始まり、唐池さんにこんなに機会をいただかなかったら、**肝心なことを何も話さずに終わる人生だったかも**しれません。九州以外の三島（さんとう）と呼ばれたＪＲのなかにも、もっといろんな思いやアイデアを話したい人、話せる人が潜在的にいっぱいいるようにも思いますが。

唐池　あまり多くのことは言えませんが、三十年前の私のような思いでいる社員もきっといるのでしょうな。もっとも、当時のＪＲ九州の中にもずいぶんと温度差があったことだけは言っておきます。

学んだこと

逆境と屈辱は、人と組織を強くすることがある

上場までの道のり②

グッドデザイン イズ グッドビジネス

1977年（昭和52年）
1987年（昭和62年）
1988年（昭和63年）
1989年（平成元年）

国鉄に入社
JR九州に「入社」
丸井で研修
SL「あそBOY」デビュー
特急「ゆふいんの森」デビュー

本章

船舶事業の準備をスタート

［グッドデザイン イズ グッドビジネス］

＊国鉄時代、「車両の墓場」と呼ばれた九州。JR九州が誕生した後、初代社長の石井幸孝は米国の名経営者が好んだ言葉を唱えながら、同社の鉄道事業に本格的にデザインを取り入れようと決心する。そのころ現れたのが、唐池恒二と名コンビを組むことになるデザイナー水戸岡鋭治だった。

1991年（平成3年）	「ビートル」国際航路開設
1993年（平成5年）	外食事業に着手
1996年（平成8年）	外食の新会社を創設
2000年（平成12年）	外食会社の社長に復帰
2002年（平成14年）	東京・赤坂にレストランオープン
2003年（平成15年）	「南九州観光調査開発委員会」を発足
	「サービスランキング」を実施
	社の信条に「4S（後に5S）」を加える
2004年（平成16年）	九州新幹線部分開業を指揮
2006年（平成18年）	会社初のM&A交渉を担当
2009年（平成21年）	JR九州の社長に就任
2010年（平成22年）	農業に参入
2011年（平成23年）	「JR博多シティ」オープン
	九州新幹線全線開業
2012年（平成24年）	「うちのたまご」発売
2013年（平成25年）	「ななつ星 in 九州」運行開始
2014年（平成26年）	JR九州の会長に就任
2016年（平成28年）	「駅から三百歩横丁」を博多にひらく
	株式上場を果たす
2017年（平成29年）	JR発足30周年を迎える

「自分たち本位」から大きく舵を切った

JR九州が発足以降、〝本気で〟取り組んだ改革が三つある。

その一。

中央志向から地域密着へ、自分たち本位からお客さま第一へと鉄道経営の舵を切ったことだ。

国鉄時代の九州各県の鉄道管理局（現在のJR九州・各県支社）は、地域のことよりも中央（東京）にある国鉄本社の意向を大事にした。

乗客を増やし収入を伸ばすものは、東京、名古屋、京阪神の三大都市圏と新幹線しかないと中央では考えられていた。国鉄全体で効率化を最優先する大方針が掲げられ、三大都市圏以外の地域から列車の増発を中央に要請しても、受け入れられなかった。「それよりも地方はコスト削減に力を入れよ」との回答が返ってくる。

九州での列車の増発は、よっぽどの事情がない限り実現するものではなかった。

列車本数だけでなく、九州の列車体系においても、中央志向が幅を利かせていた。列車を設定するとき、まず九州発東京行きの寝台列車の運行が最優先とされた。九州内の地域の通勤や通学のための列車ダイヤはあとまわし。

あらためて当時のものを見直してみると、朝夕の通勤ラッシュのど真ん中に寝台列車の**スジ**（列車ダイヤ）が入っている。そのために通勤通学列車のスジがいびつになってしまっていたりする。

また国鉄時代には、九州を統括する組織、いわゆる鉄道管理局は福岡でなく北九州市の門司にあり、門司鉄道管理局と呼ばれていた。鉄道の乗客数そのものは、北九州地区よりも福岡市を中心とするエリアのほうが圧倒的に多かった。にもかかわらず、北九州地区の列車本数は福岡市エリアよりもはるかに多かった。それは、鉄道の職場が北九州地区に集中していたため、多くの国鉄職員がこの地区に居住していたからだ。**国鉄で働く自分たちが便利なように列車を設定**したために、北九州偏重の列車体系となってしまっていたのだ。

発足から二〜三年経ったころにはもう、列車の配置が大幅にシフトされていた。北九州市エリアの列車本数を削減し、その倍以上の本数が福岡市エリアの都市圏に配置された。

特急列車や急行列車の起終着駅についても大きく変更された。

それまでの起終着駅は博多駅だったり、小倉駅だったり、あるいは福岡から離れた熊本駅だったり大分駅だったりと、各地に分散していた。しかし、これは世の中の需要を正しく反映したものとはいえなかった。

九州内の人の流れは、ＪＲ発足の十数年前から福岡市中心となっていた。福岡市と各県庁所在地の都市を結ぶ輸送が主流となってきたのだ。この傾向は、一九七五年に山陽新幹線が博多駅まで延伸されたときから顕著になったと思われる。

国鉄時代の特急列車体系は、こういった時代の変化にも対応していなかった。

そこで、ＪＲ九州が発足してすぐに特急列車の始発駅は原則として博多駅とすることとなった。さらに、国鉄時代には、二時間か三時間に一本程度しか設定されていなかった特急列車を、ＪＲ九州となった後は博多～熊本、博多～鹿児島、博多～大分といったメインルートに**一時間に二本の間隔**で走らせるようにした。

当時、本州のＪＲでも在来線の特急列車が一時間に二本も設定されているところは少なかった。ＪＲ九州は、列車体系を需要の実態にマッチさせるべく整えることによって、**さらに需要を喚起**しようと考えた。

この考え方は現在に至るまで、ＪＲ九州の列車づくりの基本哲学となっている。

「車両の墓場」にデザインを

本気で取り組んだ改革、その二。**鉄道にデザインを導入**した。国鉄時代、九州は「車両の墓場」といわれていた。

ＪＲ九州になるまでは、九州に新製の車両が投入されたことはなかった。つねに、本州から〝お古(ふる)〟がまわってきた。関東や関西で十年か二十年走り続け、くたびれたころに九州に配置転換となるのだ。ＪＲ九州がスタートした時点で、**九州を走っている車両はすべて〝お古〟だった**。

国鉄時代に車両の技術屋のトップにいた初代社長の石井幸孝さんは、そうした状況を熟知していた。

（今思うと、国鉄時代に〝お古〟の配置を采配していたのが石井さん自身だったかもしれない。いやいや、それを口に出してはいけない）

会社発足後、石井さんが真っ先に着手したのは、九州初の新製車両を発注することだった。若いころ自ら車両の設計までしたことのある石井さんは、車両のデザインにも人一倍うるさい。

（車両だけでなく、何でもうるさかった。いやいや、このことも口に出してはいけない）

石井さんは、車両メーカーに直々に、車両のデザインについて細かな注文を付けた。

このころから、石井さんがいろいろな場で念仏のように唱えはじめた言葉がある。

「グッドデザイン イズ グッドビジネス」

あっという間に、この言葉が社内に浸透した。

それまで、鉄道事業の中でデザインの重要性について声高く主張した人は、私の知る限りひとりもいなかった。

国鉄時代にも、新幹線や特急列車のデザインについては、一応の議論はされてきた。しかし、その議論は、車両の外観の形と色に限られていた。内装、すなわち椅子や車内の壁、床、天井のデザインをどうするかというところまで、議論が行き着くことはかつてなかった。外観の形と色以外は、車両メーカーにすべて丸投げという体(てい)たらくだった。

石井さんは、デザインは外観だけではない、との思いを強くしていた。だが、石井さんとて、ゼロからデザインを創造する力はない。

(あっ、それも言ってはいけない!)

車両デザインについて悩ましい思いを抱えていた、会社発足二年目に入った一九八八年の春、石井さんに、ある人との出会いがあった。

当時、福岡市の海辺に一軒のリゾートホテルが完成した。「ホテル海の中道」(現在の「ザ・ルイガンズ スパ&リゾート」)という。石井さんは、そのホテルの完成祝賀パーティーに招かれ出席した。パーティーが開催された、完成したばかりのホテルのホールに足を踏み入れたときから、石井さんはそのデザインとセンスのよさに感じ入っていたという。

会場でホテルのオーナーに紹介を受け、その人と初めて対面することとなった。その人が、そのホテルのアート・ディレクション、ポスターの制作を担当されたという。

石井さんは、たちまちその人と意気投合した。二言三言を交わすうち、すぐに石井さんは決心した。

「この人に、お願いしよう」

会って五分で、石井さんはその人のクライアントになった。

その場でJR九州の列車のデザインを依頼し、その人からの快諾を受けたのだ。


その人の名は、水戸岡鋭治さん。

水戸岡さんは、その後のJR九州の列車のデザインを現在まで手掛けることとなる。

二人が出会った年の夏、水戸岡さんのデザインした列車が、「ホテル海の中道」の最寄駅である西戸崎（さいとざき）から博多までの運行を開始した。列車名は「アクアエクスプレス」。それまでの鉄道車両の概念を超越した斬新でおしゃれな列車の誕生だった。

真っ白な外観とすべて窓のほうに向いた座席。製作を請け負った車両メーカーの担当者が、初めてその設計図を見せられたときに非常に驚いていたと聞いた。

「アクアエクスプレス」以降、特急「つばめ」をはじめとする特急列車や、ＪＲ九州の誇る**Ｄ＆Ｓ（デザイン＆ストーリー）列車**など、ＪＲ九州の列車のデザインは水戸岡さんの手によって大きく変わった。

鉄道の車両にそのような先進的なデザインを採用したのは、国内では先駆け的な試みだっただろうと思う。**ＪＲ九州の車両がデザインにおいて、日本の鉄道車両を牽引していった**と社員一同、自負している。

最近では、水戸岡さんの仕事は九州エリアを飛び越え、日本全国で話題を振りまいている。岡山県・広島県の井原鉄道「夢やすらぎ」、山梨県の富士急行「富士登山電車」、京都府の京都丹後鉄道「丹後あかまつ・丹後あおまつ・丹後くろまつ」、長野県のしなの鉄道「ろくもん」、伊豆急行と東急（東京急行電鉄）の「ＴＨＥ ＲＯＹＡＬ ＥＸＰＲＥＳＳ」といった列車を続々と生み出し、おしゃれでユニークで、そして美しい雄姿を各地で披露している。

単なる移動手段から観光資源へ

本気で取り組んだ改革、その三。

鉄道を単なる移動手段から、乗ること自体が目的となるものに変えた。

ＪＲ九州の看板ともなっているＤ＆Ｓ列車。この種の特別特急列車は一般的には、観光列車とかリゾート列車などと呼ばれるものだが、当社だけはＤ＆Ｓ＝「デザイン＆ストーリー」と称している。水戸岡鋭治さんがデザインを手掛ける、ひとつひとつのＤ＆Ｓ列車が、それぞれおしゃれで**斬新なデザインと地域に根付いた物語（ストーリー）**を備えているという意味で、その名を付けた。

本来、鉄道は移動するための手段。観光旅行においても、観光資源のある目的地へ行くための交通手段、それが鉄道の役割と当然のように位置づけられてきた。

ＪＲ九州は、一九八九年に博多と由布院の間に「ゆふいんの森」という特急を走らせた。Ｄ＆Ｓ列車のさきがけとなった列車だが、運行当初から好評を得たうえに、非常に多くのお客さまから「由布院に行くのが目的ではなく、この列車に乗ることこそ目的だ」というお褒めの言葉をいただいた。

移動する手段である**鉄道そのものが、観光資源となり得る**ことに気づかされた大いなるきっかけとなった。この成功体験を得て、九州各地にＤ＆Ｓ列車を開発していこうという気運が社内で一気に高まっていった。

このの ち、鹿児島中央～指宿に「指宿のたま手箱」、熊本～三角（みすみ）に「Ａ列車で行こう」、熊本～宮地に「あそぼーい！」、鹿児島中央～吉松間に「はやとの風」、熊本～吉松に「いさぶろう・しんぺい」など、続々とＤ＆Ｓ列車を投入。二〇一七年三月に運行開始した特急「かわせみ やませみ」を含め、現在九州各地を十一本のＤ＆Ｓ列車、そして「ななつ星」が走っている。

全国各地の私鉄やＪＲ各社において、今や観光列車花盛りといった様相を呈しているが、その**ブームに火をつけたのがＪＲ九州**ではないかな、と内心密かにほくそ笑んでいる。

……全然密かじゃないよ！とのツッコミもよく受ける。受けるが、私だけでなく社員全員が本気でそう思っているのだから、まあしようがあるまい。

九州みちゆ記
やっぱり車両だ
ソニック
グリーン車
皮張りのシート
床は板張り
無骨で使いずらい所がgood!
乗るのが楽しみだった。
ゆふいんの森
名前が好い。色も好い。
段差が楽しい。
各車両は橋でつながっている。
床がたかい
ホームの高さ
或る列車
ドハデ
試走に乗ったが駅に止まると皆目を丸くして写真を撮る。
恥ずかしいけど寸得意♪
組子の間仕切り閉めると個室に
海幸山幸
木だ!
車体に杉板がはられている
運転席
ヒャッホー
先頭かぶりつき
運転手さんより前!
A列車で行こう
子供椅子席と云うらしい。
知らずにまっさきに座った。
バーカウンター・ソファーもある。
にちりん
グリーン車個室
マド
マド
ローカ
余計なこと、無駄なこと、回り道、そんなものが沢山詰まっている。
どこかしらに素敵な一隅が見つけられる。

唐池恒二×水戸岡鋭治
本音で申す

参考にした北海道の先進デザイン

水戸岡　〝グッドデザイン イズ グッドビジネス〟とは、米国ＩＢＭの中興の祖といわれるトーマス・ジョン・ワトソンJr.の言葉とされますが、石井さんは確かによく言われてました。

唐池　石井さんと知り合われたのは〝伝説のデベロッパー〟と呼ばれる藤賢一さんという方のご紹介もあったんですよね。水戸岡さんとめぐり会えたことがよっぽど嬉しかったのでしょう。「車両の墓場」なんて異名をとった九州の名誉挽回を期すべく強い思いでいたでしょうから。

水戸岡　ＪＲ九州に限らず、当時は運輸におけるデザインが最も遅れていた時代だったと思います。船も鉄道も独特のデザイン的自主規制に縛られて、がんじがらめになっていた。そんな時代だったけど、奇しくもＪＲ九州で船も列車もデザインさせてもらって、唐池さんというちょっと変わったリーダーに出会うこともできた。ラッキーでした。

唐池　そのちょっと変わったリーダーは（笑）、ＪＲ発足二年目のころ、新しい列車の在り方を模索し、「ゆふいんの森」や「あそＢＯＹ」といった観光列車、つまり後の**D&S（デザイン&ストーリー）列車**に取り組んだわけなんですが、そのころ**参考にしたのは北海道の列車だったん**ですよね。

水戸岡　「アルファリゾート・トマム」スキー場などに乗り入れた、いわゆるジョイフルトレインですね。民間企業と旧国鉄のタイアップに始まった列車。それから、ＪＲ北海道は創業当初からデンマーク国鉄と協力関係にあるから、駅舎や列車のデザインにも北欧デザインがずいぶん取り入れられたんですよね。じつは私も「アルファリゾート・トマム」スキー場の広告のイラストを描いていたんですよ。それを見た藤賢一さんが

「あのトマムを描いてるの、誰だ?」と。

唐池　あらま、そうですか。なんと奇遇な。それが縁で藤さんの手掛けた福岡の「海の中道ホテル」の仕事をして、当社の社長だった石井さんと会って……。

水戸岡　一九八八年に「アクアエクスプレス」という、海の中道を含む沿線を走るジョイフルトレインをデザインした。それが私の最初の列車デザイン。

唐池　言ってみれば、当時の北海道の取り組みを通じて、私たちは同じ感性を育んでいたということですね。

水戸岡　JRが誕生して、三年くらいは北海道のデザインへの意識が非常に高かったから。

唐池　ちなみに水戸岡さんの最初の印象は、全然よくありませんでしたけどね。私は、東京から来た人に上から目線であれこれ言われるのが大嫌いでして(笑)。でも、一九八九年くらいにJR九州バスの「レッドライナー」をデザインしたものを見ると、真っ赤な車体でラインも何もなし。聞いたら「不必要なものはいらない。**デザインは引き算です**」と。「おぉ」と。さらにそのとき、バスに算用数字で「22」と入っているから、それもなぜかと聞いたら「**単に最も美しい数字の並びだから**」と。また「おぉ、カッコいい」と。そういうこともあり、二〇〇二年に迎えた東京・赤坂「うまや」の開店日もデザインの力を信じるという意味も込めて、「二月二日午後二時」としたのですよ。

学んだこと

デザインと物語は、いい仕事・いい商品・いいまちづくりに不可欠

会社人生をまるっと変えた四カ月

丸井学校への入学

1977年（昭和52年）　国鉄に入社

1987年（昭和62年）　JR九州に「入社」

本章

丸井で研修

［丸井学校への入学］

＊JR九州が誕生してまもなく、社長同士の縁で唐池恒二は当時「業界の風雲児」と呼ばれた丸井へ出向、研修を受けることに。国鉄の体質がまだ色濃く残るJRと、丸井の社風の違いに愕然としつつも、その後何十年も生きる教えをスポンジのように吸い込んでいくこととなった。

1988年（昭和63年）　SL「あそBOY」デビュー

1989年（平成元年）　特急「ゆふいんの森」デビュー
船舶事業の準備をスタート

1991年（平成3年）	「ビートル」国際航路開設
1993年（平成5年）	外食事業に着手
1996年（平成8年）	外食の新会社を創設
2000年（平成12年）	外食会社の社長に復帰
2002年（平成14年）	東京・赤坂にレストランオープン
2003年（平成15年）	「南九州観光調査開発委員会」を発足
	「サービスランキング」を実施
	社の信条に「4S（後に5S）」を加える
2004年（平成16年）	九州新幹線部分開業を指揮
2006年（平成18年）	会社初のM&A交渉を担当
2009年（平成21年）	JR九州の社長に就任
2010年（平成22年）	農業に参入
2011年（平成23年）	「JR博多シティ」オープン
	九州新幹線全線開業
2012年（平成24年）	「うちのたまご」発売
2013年（平成25年）	「ななつ星 in 九州」運行開始
2014年（平成26年）	JR九州の会長に就任
2016年（平成28年）	「駅から三百歩横丁」を博多にひらく
	株式上場を果たす
2017年（平成29年）	JR発足30周年を迎える

求められた意識改革

一九八七年十月十九日。

世界を震撼させた世界同時株安がニューヨーク証券取引所から始まった。のちに暗黒の月曜日「ブラックマンデー」と呼ばれる。株価の下落率は二二・六％、現在も「史上最大規模」とされる。

翌日の十月二十日には、前日のニューヨークに続き東証日経平均の株価が大暴落、日本中がパニック状態に陥った。

そんな、世間が騒然となった日の朝、サラリーマンたちでごった返すJR中央線中野駅にひとり静かに降り立つ私がいた。

今日からはじまる四カ月の研修を前に期待と不安で胸がいっぱいになっていることを、まわりから悟られないよう（そんなこと他人が気にするわけない！）、努めて落ち着いた立ち居振る舞いを意識しながら、目的の場所へ向かった。

中野駅から徒歩五分。研修先の会社の本社ビル玄関が目の前に現れた。

丸井。

わずか半年前の同年四月、国鉄が経営破綻し、六つの旅客会社、ひとつの貨物会社として分割された中でＪＲ九州が発足した。ＪＲとして再スタートしたとはいえ、私も含めて社員の意識はまだまだ国鉄時代のものを引きずっていたように思う。

そのことを誰よりも強く認識し危機感を抱いていたのは、ＪＲ九州の初代社長の石井幸孝さんだった。石井さんが**真っ先に手を付けたのは、社員の意識改革**だった。

「国鉄時代の発想や仕事のやり方のままでは、**我が社はつぶれるぞ！**」

あらゆる機会を通じて石井さんは意識改革の必要性を説いた。そして同時に、意識改革をしなければやっていけないような、新たな事業や取り組みに果敢に挑戦していった。

そして、先進的な民間企業から幾人もの優秀な人材を招聘するとともに「これは」と思う若手社員をつぎつぎにさまざまな業種の企業に勉強に行かせた。

私も、「これは」の一員になった。

九月下旬、石井さんから社長室に呼ばれた。

「僕のね、高校の同級生が丸井の社長なんだ」

一九七七年に入社したときから二年間東京に勤務していたので、丸井という社名は知っていた。

いわゆる月賦百貨店をルーツとする丸井は、ファッションや雑貨を中心に百貨店と似た小売事業を展開してきた。しかし、日本百貨店協会には属さず、独自の路線で全国各地で商業施設を運営しており、「業界の風雲児」と呼ばれた。私が研修生として出向いた当時はＤＣブランドの全盛時代で、その商品ラインアップや店づくりが若者から圧倒的な支持を受けていた。

また、丸井は、日本最初のクレジットカードを発行した企業としても知られ、通称「赤いカード」として一九八〇年代までにその基礎が形成され、丸井の収益を大きく支える事業となった。

現在、「赤いカード」はエポスカードとなり、さらに大きな規模で展開されている。

余談ではあるが、同社のエポスカード事業は現在、当社と業務提携を結び、グループ会社のＪＲおおいたシティにおいて事業展開がなされている。さらにいえばＪＲおおいたシティの現社長である関信介さんは、私に続く形で丸井で研修を経験した人だ。

当社の社長だった石井さんが「同級生」として私に紹介くださったのが青井忠雄さん。丸井創業者の青井忠治さんの実子にして同社二代目社長、他社に先駆け小売業にクレジット販売を導入し、同社を飛躍的に発展させた名経営者として広く知られる。競争の激しい流通業界でも、青井社長の**パイオニア精神と実行力**には誰もが一目置いた。

その青井社長と石井さんが、東京都立新宿高校の同級生だという。

「君ね、しばらく丸井に行ってきなさい」

流通業界で最先端を走っている民間企業・丸井とはどういうものか。よく勉強してくるように、ということだった。

（……！　面白そうだな）

「わかりました、精一杯勉強してきます」

このときから、丸井は私にとって学校になった。

丸井学校の入学は十月二十日と決まった。

初日に用意されていた名刺と花

ＪＲ中野駅から徒歩五分。丸井本社ビルの玄関前では、その後の研修期間、そして現在に至るまでずっとお世話になることとなった森久行人事課係長の、兄弟分に対するような人懐っこい笑顔が待ち受けてくれていた。

後に知ったことだが、森さんは私より二歳年上で、当時から丸井の若きエース的逸材とされた人だった。私の入学当時は人事課の係長で、一年後には人事課長にスピード出世、その後営業課長、店長を歴任され、丸井の躍進を牽引された。

「ようこそお越しくださいませ、唐池さん」

いきなり名前とともにそう声をかけられた。森さんのその最初の言葉を聞いたときの感激は今も忘れられない。

丸井の四カ月の間に驚きそして感動したことが山ほどあったが、森さんの第一声がまずは最初の驚き、最初の感動。

「唐池です。よろしくお願いします」

森さんは、昔からの友人のように気さくな感じで語りかけ、丸井本社の廊下を私と並んで歩きながら、研修中の業務についてレクチャーしてくれた。

「唐池さんの席は、本社の企画室に用意しています。企画室は、いまちょうど来年度の事業計画をつくっているところで、唐池さんにも手伝ってもらうことになっています」

丸井の会計年度は、二月一日からはじまる。この時点で十月だったから、まさに計画づくりの佳境を迎えているようだった。

それにしても、**丸井という会社はなんという会社だ**。まったく丸井のことを知らない人間を、事業計画の策定という重要な仕事に参画させるなんて。

そもそも、同社の企画室とは、年間の予算編成を掌握し、経営方針を作成し、社員すら知らない機密事項が飛び交うまさに会社の頭脳。

そんな精鋭部隊の部署で、社外のどこの馬の骨とも知れない男を仕事に関わらせるなんて。

（干支は午〔馬〕ではなく巳〔ヘビ〕だが）

丸井という会社の度量の大きさに感服した。これは二番目の驚きだった。

企画室に入ると、森さんが企画室のメンバー七名を集めて私を紹介した。

「ＪＲ九州からいらっしゃった唐池さんです。今日から四カ月丸井で研修されます。所属は企画室です。よろしくお願いします」

続いて私の番だ。緊張感を吹き飛ばすように、わざと大きな声を張り上げた。

「九州から来ました唐池です。よろしくお願いします！」

小さな部屋に響き渡る大きな拍手。

（うわあ、歓迎してくれている！）

三番目の驚きだ。

挨拶の後、自分にあてがわれた机とロッカーを確認した。

机の引き出しを開けてみると、中に一束の名刺と一枚のカードが入っていた。

名刺には、

株式会社丸井

企画室

唐池　恒二

と、丸井の社員とまったく変わらない様式で印刷されていた。

カードには、「歓迎　唐池恒二様」とあった。

ロッカーをのぞいてみると、**花束がハンガーに吊るされていた**。そこにも「歓迎」の言葉が添えられていた。

一気に不安と緊張がほぐれた。企画室への配属は、数日前に決まったはずだ。それなのに、初出勤の日にはちゃんと名刺が準備されている。ロッカーには花があった。引き出しのカードを見た瞬間、胸がきゅっと熱くなった。

後で聞くと、丸井は非常に人事異動が激しい社風で、私が受けた歓迎もけっしてお客様仕様のそれではなく、企業文化の一端だったという。

ともあれ、研修がはじまってわずか二十分。私はもう四度も五度も感動させられていた。**これから四カ月の間にどれだけの感動を味わうのだろう**。考えるだけで体中がぞくぞくしてくる。

「唐池さん、酒井さんのところに行きましょう」

森さんが、感慨に浸っている私を現実へと呼び戻す。「酒井さん」という名前を口にしたとき、森さんの顔がひときわ輝いたように見えた。「酒井さん」というのは、当時、取締役で人事部長だった酒井米明さんのことだ。追ってその後、副社長に就任し、青井社長を支え、丸井の黄金時代を築くこととなった人。当時から内外を問わず、その経営観を頼って、多くの人が酒井さんを訪ねたと聞いた。誰もが知る、有名百貨店、有名メーカーのあんな人やこんな人。皆が酒井さんの信奉者となり、その経営術の継承者をめざした。


森さんがさっさと人事部長室に入っていき、私は二、三歩遅れて入り口をくぐった。

「唐池さんです」

これだけ。

今日から丸井で研修するＪＲ九州の唐池さんです、という具合に紹介されるのかと思っていたら、森さんは酒井さんに私の名前だけを告げた。

酒井さんにはそれで十分だったのだ。ＪＲ九州から来たことも、今日着任することも、私の名前や経歴もすでにすべて承知されているようだった。

酒井さんは、当時四十代半ば過ぎで、俳優の二谷英明さんの全盛時代に似たダンディな紳士。森さんも、酒井さんを前にして少し緊張気味で、そしてなんだかとっても嬉しそうだ。

（ははあ。森さんは酒井さんを敬愛しているんだ。いや崇拝かも）

「唐池さんに対して、**丸井は何ひとつ隠しごとはありません**。何でもどこでも見てください」

結論からいうと、研修初日に酒井さんが言われたとおり、私は丸四カ月間、ほんとうに〝隠しごとのない丸井〟を堪能することとなった。

ずっと後になって、森さんが教えてくれた。

「唐池さんの研修のときは、酒井さんが全社に指令を出していました。唐池さんには丸井のすべてを見てもらうように、と」

酒井さんへの挨拶を済ませた後、青井忠雄社長のもとへ伺った。

「君が唐池さんか。石井さんから、厳しく鍛えてくれと言われていますよ」

石井社長も困ったものだ。若い純粋な青年をいじめることに妙な愉悦を覚えているようだ。

カリスマ経営者から発散されているオーラに圧倒されながらも、なんとか背筋を伸ばした。

「ありがとうございます。よろしくお願いします！」

入学式で、校長先生に初めて対面した新入生の気分だった。

入学式は、わずか一分間で滞りなく終了した。

そのあと、森さんから研修全体のオリエンテーションと丸井の会社概要についてのレクチャーを受けた。森さんのレクチャーの中にもたくさんの驚きがあったが、数えようにも指が足りない。数えるのはもうやめだ。

二日目から丸井学校新学期の授業が本格的にスタートした。

始業時刻の三十分前、午前八時三十分ごろに出社し、本社の廊下を歩いていると、すれ違う人がみな私に声をかけてきた。

「おはようございます！」

私にだけでなく、社員同士でも**廊下で会う人には必ず互いに挨拶を交わしている**。もちろん、自分が挨拶されても嬉しいが、人が挨拶をする光景を見るだけでも爽快な気分になった。

（これが、民間企業の職場なんだ！）

丸井の社員にすれば、ごく当然のことに違いない。しかし、当時のＪＲ九州の社員である私にとってはとても珍しい、驚きの光景だった。もちろん、半年前までの国鉄という組織でも、絶対にありえない。本社の廊下や駅のホームの上でも、よく知っている人なら簡単な会話のやりとりもおこなわれるが、他の職場の、それまで話したことがない人には、たとえ同じ会社の人であっても、まったく挨拶などすることはなかった。たいていの場合、顔も見ずに無言で通り過ぎたものだ。

丸井にとっては当たり前の日常習慣は、九州の鉄道会社から来た人間に、半年前まで国鉄に勤務していた者に、とてつもなく大きなカルチャーショックを与えた。

始業の十五分前、八時四十五分。私の所属する企画室のメンバーがおもむろに動きだした。全員で部屋と身のまわりの掃除をはじめたのだ。

ゴミを集める。机の上を整頓する。床にモップをかける。中には、窓ガラスを拭く人もいる。

「一日たった五分でも、一年間で二十時間も清掃したことになります」

窓ガラスを拭いている社員が私に聞こえるようにつぶやいた。

毎朝十分、本社のすべての職場で全員が掃除をおこなう。部長も課長も参加する。

この習慣は、今も同社で続いているという。

JR九州の本社でも、朝出勤すると自分の机のまわりだけちょこちょこっと片づける人もいるが、その部署の人たちが全員でいっせいに掃除をすることはない。ましてや、窓ガラスまで拭くなんてことはまったくない。

（やはり、民間企業は違う）

後年、いろいろな会社の職場に伺ったが、業績のいい会社ほどオフィスや、工場でいうなら作業場の**整理・整頓・清掃が行き届いている**ことを知った。そのことを最初に教えてくれたのが丸井学校だった。

丸井に来て一日と三十分しか経っていなかったが、すでに膨大な学びが私の頭の中に詰め込まれていった。

午前九時。始業時刻を迎え、企画室の朝礼から、その日の仕事がスタート。

私にとっての丸井学校の本格的な授業、いや研修も同時にはじまった。

研修の前半は、主に企画室での事業計画づくりのための仕事。企画室内でのミーティングや他の部署、主要店舗へのヒアリングにも正規メンバーのような顔をして参加させていただいた。本社の重要な会議にも出席が許された。兄貴分のような森さんの配慮で、その時期におこなわれていた管理職研修にも同席がかなった。

飛ぶ鳥を落とす勢いの「民間企業」がさらに成長してゆく過程にふれ、驚き、感動を覚えながら、あっという間に時間が過ぎていく。教えてもらったこと、気づきを得たこと、「これは」と思ったキーワードを書き留めるノートもあっという間に埋め尽くされ、巻を重ねていく。

研修後半は、営業本部付となった。本社で商品の仕入れを一括管理し、売上高、利益など日々の数字を分析し、宣伝や販売促進業務もおこなう部署。すべての業務に就かせてもらい、また関東一円に点在する約三十の店舗の巡回指導へも帯同するなどした。

指導といっても、私のほうが指導されていたような気がするが、「業界の風雲児」における営業本部の実践的な経験は見るもの聞くものすべてが新鮮で、驚きと感動と学びの連続だった。日々学んだことや気づいたことをかたっぱしから書き留めたノートは、今見ると、当時の私の筆圧そのままに凸凹に歪んだまま。しかし、この凸凹が、現在の私の大いなる原点となった。

ノートには、丸井の経営戦略、マーケティング、人事政策といった大きなテーマから、先述したような職場での日常習慣や社員の行動スタイルといった**小さな事柄まで体験した順に備忘メモとして短い言葉で記した**。主に勤務時間中に気づいたことが中心となっている。

四カ月の研修を終えるや否や、ノート中のメモから重要な項目を抜き出し、「丸井流仕事の進め方」なるものをまとめ、ＪＲ九州に戻った後で開かれた研修報告会で発表した。

当時の丸井に今もかなわないかもしれない

丸井学校の授業は日中だけではない。アフターファイブの居残り授業も内容が濃く、非常に有意義なものだった。兄貴分の森さんと、平日のほとんどの夕方は、中野駅界隈の居酒屋で楽しい「補習」の時間を共にした。

森さんは、いつも必ず誰か二、三人誘っては私に引き合わせる。森さんの所属していた人事課の方々のこともあれば、通常の業務時間では接点のない部署の方々ともさまざまな話を交わす機会をくれた。

丸井で働く方々に共通していたのは、**明るく元気がよくてノリがいい**ことだった。

一次会の居酒屋の後は、森さん行きつけの小さなスナックで四、五人のカラオケ合戦がはじまる。そうやってワイワイと騒いでいるときでも、森さんは折にふれて丸井の魅力や課題、酒井人事部長に関する伝説などを聞かせてくれた。グラスかマイクで右手がふさがっていたので、ノートは取らなかったが、私にとっては大切な研修の一環だった。

中でも、酒井さんに関する話が飛びっ切り面白い。語っている森さんの顔もいきいきとしてくるのが見てとれた。

「経営学の大家です」

「かつて労働組合の副委員長まで務め、人事・労務のオーソリティです」
「百貨店の経営幹部たちが酒井さんを先生と崇めています」
「酒井さんはナポレオンと同じ、一日三時間しか寝ません」
「自宅にいるときは、ずっと読書をしています」
（森さん、あんた見たのか⁉）

たまに、酒井さんと酒席を共にしたことがある。この二、三時間が熱燗だった。

いや、圧巻だった。

（パソコンというのは語句の入力で誤変換がよく発生する。たとえば、圧巻とすべきところを「あつかん」と入力すると「熱燗」となる。ちなみに、酒井さんも私も熱燗好きではある……）

酒井さんは、お酒もとても強くて、いくら飲んでもまったく乱れない。お酒が進むにつれ、丸井のマーケティング戦略や人事の神髄などについて語ってくれる。これが楽しい。大学の経営学の講義よりも遥かにわかりやすく、それでいて内容が深い。しかも実践的だ。

酒井さんとの席には必ず森さんがいて、酒井さんの話にいつも**本気で目を輝かせながら**頷いている。〝酒井教授〟とゼミ生の森さんのマンツーマンの講義に、留学生の私が乱入したような図式だった。

熱燗を傾けながら聴講した酒井さんと森さんの話もまた、私の仕事そのもの、そして私が今こうして記しているものの礎となった。先に挙げたメモや「丸井流仕事の進め方」は、主に勤務時間中に気づいたものだと述べたが、よく考えてみるとこの**夜の授業**で得たものも半分近くあったかもしれない。

そうして、あっという間の四カ月が過ぎた。

研修の最終日、一九八八年二月二十日が近づくと、何度も送別会が開催された。私が研修日程中に属した企画室、営業本部の方々、さらには森さんが夜の授業で引き合わせてくださった人事課ほか各所の方々も、会に参加してくださった。中には、開催されたすべての送別会に参加された方も何人かいた。もちろん、森さんは皆勤賞。

最終日の朝は、研修の前半にお世話になった企画室の朝礼に立った。

「四カ月があっという間に過ぎ、明日九州に帰ります。たった四カ月でしたが、私にとってはあまりに密度の濃い時間となり、三年も四年も丸井にいたような気がしています」

まさに偽らざる実感だった。濃密な四カ月だった。

「ほんとうに多くのことを学びました。四カ月前の十月二十日に初めて丸井にやってきました。ちょうど、世界中がパニックになったブラックマンデーの一日後です。記録的な株価の大暴落のあった翌日です。それまでの株価との落差の大きさに驚きました。やがて私の目には、丸井とＪＲ九州という二つの企業風土の差が、あの大暴落の落差のように大きなものとして映りました」

ほんとうに驚いた。想像以上の落差がそこにはあったのだ。

「今のＪＲ九州では、丸井のレベルまで引き上げることは到底できません。しかし、丸井で学んだことをひとつでも二つでもＪＲ九州の中で実践することにより、少しでも丸井に近づけられるように精一杯努めていこうと決意しました」

どうしたわけか、このあたりまで話していくうちに目に涙が溜まってきた。悲しいわけでもない。悔しいわけでもない。

まったく経験のない類の落涙だった。

どうも花粉症が私にもはじまったらしい、と誤魔化すことに決めたが、いろんな感情がないまぜになって、胸を突き上げていた。

「将来、ＪＲ九州が丸井に近づくことができ、私がもし立派に出世を遂げることができたときには、それはすべて丸井での研修のおかげだと言います。まずありえないことですが、日本経済新聞の『私の履歴書』に登場したときには、今日私があるのも丸井のおかげだと書きます」

ここで笑いを取ろうとしたが、どうしたわけか、聞いている企画室の人たちの中にすすり泣く人が出てきた。

「四カ月間、ほんとうにお世話になりました。ありがとうございました」

そう声を張りながら、笑いは取りきれなかったが、手に余るほどの収穫と学びを実感していた。

翌日、一九八八年二月二十一日。博多に帰り、ＪＲ九州本社に出社した。その日付で営業本部販売課に配属となったので、販売課の自分の机の前に行き、引き出しを開け、ロッカーをのぞき、まわりを見まわした。

誰も挨拶をしない。名刺もできていない。散らかっている。花など望むべくもない。

ブラックマンデーの落差を思い出した。

思い返せば、ここがすべてのはじまりだったのかもしれない。

二〇一七年八月現在。「私の履歴書」登場は、私の履歴や年齢では当然まだ果たせていない。だが、いつか運よくかなえば、やはり「丸井のおかげだ」と書こう。

「脱皮しない蛇は死ぬ」

水戸岡　丸井の話は唐池さんからよく聞くんです。非常に影響を受けた、今の自分の経営観には丸井の体験が大いに生きていると。しかし、今回気がついたんだけど、たったの四カ月だったんですね。その期間で、これほど大きな影響を受けているんだと驚いた。

唐池　私も驚いた。こればかりは冗談でなく、あらためて書いてみると**これほどの学びをたった四カ月で得た**のだと。やっぱりワタシはエラかった（笑）。

水戸岡　当時の、丸井の青井社長とJR九州の石井社長。奇遇というべき、ふたりのトップの個人的な親しさも大きかったんでしょうけど、ほんとに隠し事はなかったんですか？

唐池　当時からすると、丸井の人も九州の田舎の会社の人間なら、何を見せても大丈夫と思ったんじゃないかな（笑）。理由はともあれ、今でもおつきあいのある森さん、そして森さんが当時から心酔していた酒井さんのパーソナリティを考えると、実際に隠し事はなかったと思います。ありがたい話です。

水戸岡　丸井でまず配属された企画室は、当時の丸井の頭脳であり心臓である部署だったとも聞きました。

唐池　そういうこともあり、今に生きる奇跡的な四カ月になったと思うんですが、私がまず丸井的なものを取り入れたのはJR九州の鉄道事業本部の営業部長になったとき。私が丸井の初日に受けた歓待をすべて実践させたんです。別の部署から新しい人間が異動してくる初日には、新しい名刺をきちっと用意しておき、歓迎のカードをデスクの引き出しに入れ、ロッカーには花束を模したリボンを。これを新ルールとした。

水戸岡　JR九州の社員の方に聞きましたよ。営業部だけでなく他部署にも広まったと。

唐池　それから、営業部にいらっしゃる外部からのお客さまは立って出迎え、立って見送るようにした。そして、なんといっても後半の章の「本気を伝える戦略」でも触れる**「絞り込み」**の論理。これは私の仕事術にとても効いた。ターゲットの絞り込みもさることながら、酒井さんがよく言っていたんですが、内部のプレゼンテーションも絞り込めと。お役所的なプレゼンではなく、絞り込んで最初に結論から持ってくるべき。総論も背景もいらない。まず「何をやれば儲かるか」という結論をプレゼンしろと。

水戸岡　八〇年代後半としては相当早い論理ですね。

唐池　あの人の名言のひとつは**「脱皮しない蛇は死ぬ」**ですから。今なら、プレゼンも抜きで、実践の後にプレゼンを、なんて言うかもしれない。実際、当社も私に半ば無断で仕事を進める社員がいる。後で「無断でそれをやったのか」と問う私の顔は笑っているらしいけれど。

水戸岡　私の師匠である林英次という人は、アドバイザーとしてまず、カスタムとかデラックスとか山ほどあったクルマのクラスを一気に絞り込んだそうです。そしてデザインを加えたら、そのメーカーは世界的に一気に伸びた。トヨタですけど。

唐池　私たちの好きな「整理・整頓」も考えてみたら、「絞り込み」そのものですな。

水戸岡　四カ月という研修の期間も、ひょっとしたら「絞り込み」を狙ったものだったのかもしれませんね。

学んだこと

武者修行は最高の鍛錬の場

玄界灘、波高し①

たからものの社員たち

1977年（昭和52年）　国鉄に入社
1987年（昭和62年）　JR九州に「入社」
1988年（昭和63年）　丸井で研修
1989年（平成元年）　SL「あそBOY」デビュー
　　　　　　　　　　特急「ゆふいんの森」デビュー
1991年（平成3年）　船舶事業の準備をスタート

本章

「ビートル」国際航路開設

［たからものの社員たち］

＊JR九州が誕生後早々に着手した「鉄道以外」のひとつが船舶事業。何もかもが初めてのことばかりのその現場には、「一度は海を諦めた」鉄道マン、果敢に難関の試験に挑んだ11人の社員たち、そして「海のものとも山のものともつかない」事業になぜか嬉々として取り組む唐池恒二がいた。

1993年（平成5年）　外食事業に着手
1996年（平成8年）　外食の新会社を創設
2000年（平成12年）　外食会社の社長に復帰
2002年（平成14年）　東京・赤坂にレストランオープン
2003年（平成15年）　「南九州観光調査開発委員会」を発足
「サービスランキング」を実施
社の信条に「4S（後に5S）」を加える
2004年（平成16年）　九州新幹線部分開業を指揮
2006年（平成18年）　会社初のM&A交渉を担当
2009年（平成21年）　JR九州の社長に就任
2010年（平成22年）　農業に参入
2011年（平成23年）　「JR博多シティ」オープン
九州新幹線全線開業
2012年（平成24年）　「うちのたまご」発売
2013年（平成25年）　「ななつ星 in 九州」運行開始
2014年（平成26年）　JR九州の会長に就任
2016年（平成28年）　「駅から三百歩横丁」を博多にひらく
株式上場を果たす
2017年（平成29年）　JR発足30周年を迎える

鉄道マンから海の男へ戻った社員

さまざまなところでふれてきた「ビートル」のことについて、あえて自らの筆でまた書く。まったくの常識外といえた新規事業を支え、現在のJR九州の力の源となったといっていい十一人のために、ここに詳しく記す。

「一に玄海、二に日向、三、四がなくて五に遠江」

漁師たちの古くからの口伝えのひとつだ。日本近海で最も潮の流れが速く波が荒い海域が九州と朝鮮半島に挟まれた玄界灘で、二番目が宮崎県沖の日向灘、つぎに静岡県沖の遠州灘と数えている。

宮崎には、「一に玄海、二に遠江、三に日向の赤江灘」と歌った郷土民謡がある。他の地域の伝承にも二番手、三番手に別の名が挙げられた事例があるが、玄界灘だけは不動の一番を譲らない。海の男たちが最も畏敬の念を抱いてきた海、それが玄界灘だ。ちなみにこの海は、玄海と呼ぶときは「海」になり、潮流が速い航路の難所を意味する「灘」を伴い玄界灘と書くときは「界」となる。

博多港からこの玄界灘を突き抜け韓国の釜山に繋がる海上ルートが、古代から大陸と日本を結ぶメインストリートであった。長い歴史の中で、多くの人が往来し文化や経済の交流をもたらした。しかし、現代と違って造船技術や気象予想の拙劣な時代に、海路における難所中の難所を越えるのだから命がけの渡航になったに違いない。

博多～釜山に高速船「ビートル」の定期便が就航したのが、一九九一年三月。使用船は、ジェットフォイルと呼ばれる、ボーイング社が開発したウォータージェット推進式の水中翼船だ。水中翼によって船体が海面から二メートル持ち上がり、波の影響を受けにくく不快な動揺がない。航空機なみの強力なガスタービンエンジンで駆動するウォータージェットポンプから勢いよく海水を噴射して高速航行を行う。

四十五ノット（時速八十三キロ）という海上走行としては世界最高水準の速度で、博多～釜山を約三時間で結ぶ。三メートルの高波でも安定した航行が可能だ。当時、厳しい玄界灘を克服できる高速船はジェットフォイルしかないといわれた。

（今でもたぶんそうだろうと思う）

運航主体はＪＲ九州だ。一九八七年、国鉄の分割民営化により誕生した**九州の一鉄道会社が、未経験の旅客船事業に乗り出すことになった**。

まず一九九〇年五月に博多～平戸～長崎オランダ村を結ぶ国内航路がスタートした。その一年後の一九九一年三月には、博多～釜山の国際航路に参入した。

ＪＲ九州が国内航路をはじめるだけでも世間は驚いたが、すぐに国際航路の運航に乗り出したものだからさらに仰天した。アジアのゲートウェイを標榜する福岡市をはじめ地元の人たちは、この航路に大きな期待を寄せた。

私がこの事業に関わりだしたのが、国内航路をはじめる一年前、国際航路就航の二年前のこと。一九八九年三月十一日、船舶事業部企画課長を拝命した。

ＪＲ九州としても、もちろん私としても船の仕事は初めてだ。

三週間後の四月一日には、船のプロ、大嶋良三さんが四国の関係会社から転属し、船舶事業部長に就いた。大嶋部長については、前著『鉄客商売』で詳しく紹介したが、ここでは、国鉄時代に本州と四国を結んでいた宇高(うこう)連絡船の船舶部長を務め、船長経験も豊富で経営感覚に優れた〝海の男〟とだけ述べておく。

そんな大嶋部長の指導を受けながら、船舶事業の骨格づくりに精を出した。ときには大嶋部長とタッグを組んで、ときにはそれぞれ単独で仕事を進めていった。

大嶋部長の指揮のもと、私が中心になって解決しなければいけないことも山ほどあった。

（海なのに）

山ほどあった中でも、特に力を入れて取り組んだ仕事や鮮明に記憶に残っている仕事について述べてみたい。

三つある。

一つ目は、船員の確保

二つ目は、〝C・I・Q〟との交渉

三つ目は、韓国側との交渉

まずは、一つ目の船員の確保。

船員となるには、船員の国家資格が必要だ。JR九州にそんな社員はいないだろうと諦めていたが、念のため人事課にある社員データを調べると商船高等専門学校の卒業生がひとりだけいた。商船高専の卒業生であれば、必ず船員資格はもっている。

名前は山本多喜夫さん。データを見ると、本社の運輸部管理課で経理を担当しているとある。山口県の出身で、同県の大島商船高等専門学校の卒業生だ。

国際航路の運航にあたっては、当然ひとりではどうにもならない。しかし、同じJR九州の社員の中に、たったひとりとはいえ船員資格をもった人間がいた事実は、驚くとともに心強く感じたことでもあった。ほかの船員については、大嶋部長の人脈を頼り、ひとまずの人数を確保することができた。前年に瀬戸大橋の開通とほぼ同時に一部廃止となっていた岡山・宇野駅〜香川・高松駅を結ぶ宇高連絡船の船員たちだった。航路所有者であったJR四国からの出向という形で、当社に来てもらうことになった。

とはいえ、運航主体である当社にひとりでも船員資格をもった社員がいることはけっして小さなことではない。やはりなんとか、山本さんに船舶事業部に来てもらおう。

（ここからが前著において「別の機会に譲る」としていた顚末である）

さっそく、山本さんの上司である運輸部長の伊藤敏夫さんに直談判に行った。

「伊藤部長、私たちは国際航路を開設すべく鋭意準備を進めているところです。船を運航するには船員が必要です。当社には船員資格をもった人はいないと思っていましたが、ひとりいました。伊藤部長の部下にひとりいました。山本多喜夫さんです。ぜひ、船舶事業部に山本さんをいただけませんか。山本さんに船舶事業部の柱となってほしいのです」

なんだか、人身売買の商談っぽくなってきた。売り主、いや直属の上司は私の熱弁を聞き終えた後、わずかに笑みを浮かべて言った。

「山本君は、将来の鉄道事業の幹部になり得る優秀な人間だ。私としても手放すのは痛い」

私が予想していた伊藤部長の次のせりふはこうだった。

〈国際航路の仕事なんて、そんな海のものとも山のものともつかないようなプロジェクトにうちの大事な社員はやれない〉

私は、答えるせりふを準備していた。

〈この航路は、はっきりしています。海のものです〉

しかし、このせっかく周到に用意していた切り返しは、不発に終わった。

伊藤さんは船舶事業に対し十分に理解していた。「海のものとも……」なんてせりふは一切出なかった。

「JR九州が総力をあげて進めようとしているこの大事なプロジェクトはなんとしても成功させなければいけない。わかった。山本君を船舶の人柱にしてくれ」

「人柱じゃなく、柱です。船舶事業部の支柱ですよ」

「そうか、市中引きまわしか。かわいそうだけど、船舶で鍛えてやってくれ」

多少の誤解はあったものの、山本さんの所属する部のトップには了解をもらった。

翌日さっそく、伊藤さんは人柱を呼んで船舶事業部への転勤を打診してくれた。

しかし、人柱は、いや山本さんは尊敬する上司の話であっても頑として聞き入れなかった。言い分はこうだった。

もともと船員になりたくて商船高専に行き、そこで機関士の資格を取った。ところが、高専を卒業した一九七〇年代は、海運業界が大変な不況の時代。若き船乗りの候補生たちも、ほとんど就職できる船会社を見つけることはできなかった。

「私もやむなく、ひとまずは船員を諦めようと、当時の国鉄に入社しました。その後すぐに、国鉄の大学課程という社内の幹部養成学校の試験に合格しました。合格が決まるまでは、船員になりたいという気持ちがまだ心の隅に残っていました。しかし、合格通知を手にしたときに決心しました。船乗りになるのはやめて、鉄道の人生を歩もうと」

船員への道と共に、教材や資料を海に投げ捨てたという。

「山本君は、船舶事業部に行くのを嫌がっている。これから引き続き説得するからもう少し時間をもらえないか」

伊藤さんが、前日よりも神妙な声で話すのを聴きながら、つくづく思った。

上司が説得しても断るとは、なんと骨のある人だ。嫌がられるとますます欲しくなる。なんとかして山本さんに来てもらわねば。山本さんへの恋心は高まるばかり。

通常の人事異動と同じように、「船舶事業部勤務を命ずる」と社長名の発令通知を渡せば、それで済むことだ。しかし、それでは山本さんの心を踏みにじることになる。いやいや船舶事業部にやってきて、そんな気持ちのまま仕事をしてもらってもいい成果は出ない。

山本さん自身が、「ようし、やってやろう」と決意をして来てくれなければ意味がない。

私の得意技を繰り出すときが来た。**二メートル以内に対面して真正面から本気で心と心をぶつけ合う。**これしかない。

伊藤さんを介し、山本さんの直属の上司である運輸部管理課長の亀山壽郎さんにお願いして、彼を博多駅近くの居酒屋に連行、いや連れてきてもらうことにした。

席に着くなり、例によって単刀直入に要件を切り出す。

「あなたが山本さんですか。船舶事業部の唐池です。じつは……」

「わかっています。行きましょう。船舶事業部でがんばります」

実にあっさりと解決した。まだ、ビールで乾杯すらしていなかった。

その後、乾杯を交わしたビールは格別の味だった。そして、大島商船高専在学中の訓練航海で若くして世界の海を知り、それでいながら一度は海を諦めた〝海の男〟の二度目の苦渋の決断に頭が下がるばかりだった。

後で聞くと、伊藤部長から言われたときに半分諦めていたそうだ。そして、私が直接会いに来ると聞いて、もう決心を固めていたらしい。

予想を遥かに超える応募者数

やっとこれでひとりだけは、社員から船員をつくることができた。それも優秀な機関長が誕生した。あとは、しばらくの間はJR四国から出向してきてもらう船員たちに頼るばかりだ。時期を待って、船員養成の大学か商船高専などから新卒者を採用するか。他の船会社で働いている船員を中途で採用するか。

そんなことを考えていると、大嶋部長が突拍子もないことを言いはじめた。

「自前で船員をつくりましょう」

（……⁉）

「JR九州には大勢社員がいるじゃないですか。その中から、船員を養成するのです」

そのころすでに船舶事業部の一員として、航路開設の準備に携わっていた山本多喜夫さんをはじめまわりの人間はみなあっけにとられている。

私もすぐには何がなんだか理解できずにいて、きっと「何を言いだすやら、このオッさん」という表情でいたことだろう。

船員となるためには、国家試験に合格しなければいけない。さまざまな資格試験の中でも船員の資格試験は非常に難しいものとされる。等級によっては、喩えるなら東大受験よりも難関とすらいわれる。

船員養成学校を修了していれば、筆記試験が免除となりまだ難易度は下がる。しかし、当社の鉄道に従事してきた社員が、昨日今日まで駅員や保線の仕事をしていたズブの素人が、ゼロから勉強して船員の資格試験に合格するのは、およそ至難の業と思われた。筆記試験だけではない。一定期間の乗船履歴、つまり実際に船に乗っての乗船経験も必要で、当社の高速船に正式に船員として乗務するとなると、短くても十年はかかるという。

十年計画で船員を自社で養成。

それほどの長期間の養成は、ＪＲ九州としても前例がなかった。十年は長すぎる。養成中の社員は、十年間もその身分で過ごすことになる。その間、船員になろうとする意欲が減退しないだろうか。社員としての士気が下がりはしないだろうか。

途方もない養成計画としか思えなかった。

「船会社というのは、自社の船員を持たなきゃだめですわ」

大嶋部長は、これだけは譲らない。

（といっても、他にも譲らなかったことがたくさんあった）

反対ばかりしていても埒（らち）が明かないので、ひとまず社員から船員になりたいという人間を社内公募するというアクションは起こしてみることにした。もちろん、難しい試験と長い養成期間についても詳しく説明をしながらの募集となった。前提として応募者はそういう困難な事情を十分に理解していることが求められる。

いざ蓋を開けてみると、募集に対して問い合わせが殺到した。この応募は、国鉄分割民営化によりＪＲ九州が発足してまだ二年しか経っていない時期におこなわれた。分割民営化という具体的な出来事が発生したことにより、社員たちに**「今のままではいけない」というあるべき危機感が生まれていた**のではないか。

結局、募集を締め切った時点で、応募者数は五十名超。予想を遥かに超える人数だった。養成計画上では十名程度を、と希望的想定がなされていた。正直、十名も手を挙げてくれるか不安だった。

せいぜい数名だろうと考えていたところに多数の応募者。これは嬉しい誤算だった。

（なかなかやるねえ、うちの社員も）

海のものとも山のものともつかない（海のものだが）未知のプロジェクトに勇気をもって応募してくれた五十名余り全員に、ありがとう！と言いたかった。

応募者の顔ぶれは、電車運転士、車掌、駅員、車両職場や保線区の社員など、ありとあらゆる職種の人がそろっていた。しかも、ひとりひとりは、今の職場でもリーダー的な存在か若手のホープと目される社員ばかりだった。**その面々で別の鉄道会社をつくれば、きっと優れた新会社ができただろう。**それほどの顔ぶれだった。

選考のため応募者全員とひとりずつ面接をおこなった。面接官は人事課長と私の二人。

「私は、以前から船に憧れていた」

「未知の世界に飛び込んで自分を試したい」

「JR九州になった証しが、この新規事業だと思う。自分でその証しを確かめたい」

「何か新しいことに挑戦したい」

みんなそれぞれに、目を輝かせながら船舶事業への期待と抱負を語る。

こちらからは、次のような厳しい養成となることをあらためて伝えた。
①船員の資格を取るには、難関の国家試験に合格しなければいけないこと
②合格するためには、帰宅しても時間を見つけては猛勉強しないといけないこと
③船員の資格を取るまでに、早くても十年はかかること

難関、猛勉強、十年。そう聞いても、誰ひとり志望を取り下げる人はいなかった。


（どの人にも来てもらいたい）

高いレベルでの選考となった。

悩んだ末に、予定よりも一名多い十一名を選考した。

長期の養成ということで、募集要項に「三十五歳未満」と年齢制限を定めていた。にもかかわらず、制限をオーバーする応募者もいた。上野明利さんだ。保線区の社員で年齢は当時四十一歳。

書類選考をパスして、面接にも来てしまった。

事務局の手違いなのか。一カ月ほど前に人事課から船舶事業部に転勤してきたばかりの事務局の山下信二さんに確認した。山下さんは、例によって傲慢な態度で開き直って言った。

（これは社風なのかい）

「だって、上野さんの職場の長である保線区長から強い請願があったんですよ。『上野さんは**年齢制限を超えているが情熱だけは若い人に絶対負けない**。船の仕事を熱望しているからぜひ』と」

山下さんの勝手な判断は、そのときにはじまったわけではないから別に驚かなかった。

年齢制限を超える上野さんと面接をした。たしかに納得の人材、面接内容だった。

（なるほど、保線区長の言うとおりだ）

晴れて上野さんは、十一名の中に入った。いや、十名のところを十一名にしたのは、上野さんの**本気**だったのかもしれない。

養成の対象としたのは、船員資格のうち航海士と機関士の二つの職分だった。航海士の資格をもっているものが船長となり、機関士の資格をもっているものが機関長となる。

一九八九年十二月、十一名の養成がはじまった。

九年後の一九九八年春、駅出身の原田浩一さんが船長の、車両職場出身の牛島利宏さんが機関長の、それぞれの資格取得者の第一号となった。

じつをいうと、十一名のうち四名は、募集から五年目の一九九四年春、国際航路は残すも国内航路は廃止という会社都合により、船舶事業部から涙ながらに元の職場に復帰した。そして、残った七名がそれぞれに航海士と機関士の資格を取得した。ただ、復帰した四名も、続けていたら間違いなく資格を取っただろう。

十一名が、ひとりの脱落者も出さず全員無事に船員資格を、あるいはそれに等しい成果を勝ち得たことは奇跡に近い。日々、家族との団欒（だんらん）の時間をはじめ個人の時間を犠牲にして猛勉強に励んだことを思うと頭が下がる。

およそ十年という長い間、ほんとうによく耐えてくれた。ほんとうによく頑張った。十一名は、船舶事業部にとっても、JR九州にとっても、そして私にとっても**〝たからもの〟**だ。

敬意を表して、ここに、たからものの名を記すことにする。

原田浩一、牛島利宏、上野明利、別府伸也、鶴田昇、楢崎美昭、二宮茂義、秋山稔英、檜枝新二、福田倫昭、柴田康祐の十一名の勇者たちだ。

ありがとう。

みんなで見たこともないものを目指す

水戸岡　唐池さんの仕事人生のあらゆるキャリアのなかで、「ビートル」ほどいろんなことを思うものはないんじゃないですか？

唐池　「ビートル」は……凄かったですね。前著『鉄客商売』でも二章にわたって書いたのに、今回もまた書いてしまった。ドラマが多すぎて。

水戸岡　前著では私とのネーミングをめぐる攻防が紹介されていましたが（笑）、色をめぐるエピソードもありましたね。

唐池　水戸岡さんが、デザイン画で「ビートル」の色を真っ黒にしてきたことですよね。あれは社内で調整するのが大変だったんですから。まず、社長の石井さんのオーケーは先に取り付けて強行突破する手は打っておいて、決定機関である役員会ではいちばん最後の議題でささっと終わるように仕向けて……。

水戸岡　唐池さんはそういう社内調整とか社内営業の小ワザも若いころから凄かった。

唐池　水戸岡さんみたいな人と仕事をさせられたからでしょう（笑）。「ビートル」の進水式のときには一般の方々とともに、社内の幹部も仰天していましたから。「役員会で承認したでしょう」と言いましたけど（笑）。

ピッカピカの真っ黒だったんですよね。

水戸岡　公共交通機関というものは、運輸力や安全性もさることながら、心に力を与え得るような感動もやはり求められていると思うんです。**見たこともない色やビジュアルはその仕事に携わる人々に誇りを、そして利用するお客さまや近隣の方々に活力を与えるはずだと。**

唐池　ななつ星の車両の色は、皆さんの想像の遥か上を行ったと思います。メディアの人たちも「やるだろうとは思っていたけれど、あれほどの色だとは思わなかった」と。

水戸岡　「ビートル」にしてもななつ星にしても、色を通じて人々に力と感動を与えるという私のコンセプトを唐池さんというリーダーが許可してくれたからですよ。

唐池　我々のそういう思い入れが伝わったのか、「ビートル」のときにはじつに頼もしく力強い意志の持ち主が集まって、難関の試験と厳しい海の仕事に取り組んでくれました。海の仕事は困難なことも多く、私の社員生活のなかでもとりわけ思うようにならないことの多い仕事でしたが、その後に何度となく訪れた**正念場を乗り切るために必要だった「負けじ魂」**を築いてくれたものだったと思います。

水戸岡　当時の石井社長もしばしば博多港まで来られていた、と聞いています。JR九州発足から間もない時代の「鉄道以外」の事業に懸ける思いが詰まった、象徴的な事業だったんだとつくづく思います。そして、そういう事業であったにもかかわらず、私はずいぶん思い切ったデザインをさせてもらったと。

唐池　そこは当社の新しい事業に懸ける**水戸岡さんの本気が伝わった**からですよ。

学んだこと

継続は力なり。継続するにも力が要る

玄界灘、波高し②
ケンチャナヨ課長

1977年（昭和52年）　国鉄に入社
1987年（昭和62年）　JR九州に「入社」
1988年（昭和63年）　丸井で研修
　SL「あそBOY」デビュー
1989年（平成元年）　特急「ゆふいんの森」デビュー
1991年（平成3年）　船舶事業の準備をスタート

本章　「ビートル」国際航路開設
［ケンチャナヨ課長］

＊次々と難題が降りかかるにもかかわらず、バッサバッサと課題をクリアする船舶事業チーム。博多と釜山を結ぶ国際航路開設では、〝韓国の国鉄〟韓国鉄道庁という頼もしいパートナー、そして体を張ってでも航路成立と日本側の課長を守ろうとする韓国側の〝ケンチャナヨ課長〟がいた。

1993年（平成5年）　外食事業に着手
1996年（平成8年）　外食の新会社を創設
2000年（平成12年）　外食会社の社長に復帰
2002年（平成14年）　東京・赤坂にレストランオープン
2003年（平成15年）　「南九州観光調査開発委員会」を発足
　　　　　　　　　「サービスランキング」を実施
　　　　　　　　　社の信条に「4S（後に5S）」を加える
2004年（平成16年）　九州新幹線部分開業を指揮
2006年（平成18年）　会社初のM&A交渉を担当
2009年（平成21年）　JR九州の社長に就任
2010年（平成22年）　農業に参入
2011年（平成23年）　「JR博多シティ」オープン
　　　　　　　　　九州新幹線全線開業
2012年（平成24年）　「うちのたまご」発売
2013年（平成25年）　「ななつ星 in 九州」運行開始
2014年（平成26年）　JR九州の会長に就任
2016年（平成28年）　「駅から三百歩横丁」を博多にひらく
　　　　　　　　　株式上場を果たす
2017年（平成29年）　JR発足30周年を迎える

念を押された出入国人数

国際航路開拓には、三文字のアルファベットが付きものである。〝C・I・Q〟だ。

C・I・Qとは、Customs（税関）、Immigration（出入国管理）、Quarantine（検疫）のそれぞれの頭文字をとったもので、出入国手続きの総称をいう。国境を越えて出入国しようとするときに必要な手続きを表したものだ。

国際航路の開設にあたって、大変苦労した仕事のひとつが、このC・I・Q担当機関との交渉だった。

どの国際空港にも旅客や貨物の出入国をチェックするために、C・I・Qを担当する国の機関が常駐している。外航船が出入りする港でも、このC・I・Qが必ず整備されている。

博多港にも、税関、入国管理局、検疫所のC・I・Q三機関が事務所を構えている。同港では、当時はまだ貨物の出入国手続きが中心だったので、貨物船の出入りに対応しやすいように職員の配置がなされていた。たまにやってくるクルーズ船の旅客の出入国に対しては、その貨物船対応の余力でやりくりしていた。

当社の釜山航路が開設される一年ほど前に、「カメリアライン」という会社が博多港と釜山港の間を定期運航するフェリーを就航させた。一日一往復で、毎日博多港には朝帰港して、夕方になると釜山に向けて出港していた。

貨物の出入国手続きは、時間的な制約が緩いから現行のC・I・Qの体制でもなんとか対応できる。しかし、旅客のそれはそうはいかない。朝に船が入港したときにはすみやかに入国の手続きに入らなければいけない。出港の際も、乗客が乗り込む直前には出国手続きを済ませなければならない。しかも定期航路だから、毎日の要員体制を確保する必要がある。

「カメリアライン」の就航に合わせ、博多港におけるC・I・Qの整備、つまり要員増が求められているはずだった。ただし、C・I・Qの職員は国家公務員。C（税関）は財務省の、I（出入国管理）は法務省の、Q（検疫）は厚生労働省の、それぞれ直轄の機関だ。

一九九〇年前後の当時からもう、国の大方針はいわゆる行政改革。つまり、そう簡単に国家公務員の定員増はかなわない。「カメリアライン」はかなり苦労したようだった。しかし、苦労した甲斐あり、「カメリアライン」のフェリーに対するC・I・Q手続きはスムーズにおこなわれているようだった。

しかし、さらなる苦労を強いられそうなのが、当社の博多～釜山を結ぶ高速船航路だった。

我らが高速船「ビートル」は、当時一日一往復の運航予定で、朝早く博多港を出て夕方には釜山から博多に帰ってくる。朝夕の時間帯にそれぞれC・I・Qの手続きを進めてもらわなくてはならない。しかし、ちょうどその時間は「カメリアライン」のC・I・Qの時間と重なってしまうことが判明していた。さらに、「カメリアライン」のフェリーと当社「ビートル」はそれぞれの時間帯で出入国がまったく逆だったので、単純に考えるとC・I・Qに二倍の人員を要することになる。

C・I・Qの体制が確保できなければ、「ビートル」の運航も困難になる。大嶋部長と私は、何度もC・I・Qの事務所に足を運ぶことになった。それぞれの上級官庁である財務省、法務省、厚生労働省にもさまざまなかたちで体制の強化を要望した。

就航前の一年間、大嶋部長と私の仕事は、C・I・Q詣でが大部分を占めることとなった。一年前になんとか「カメリアライン」に対応し強化したばかりで、今度はそれを倍増せよというのか。C・I・Qの中には、そのように怒りだす人々も出てきた。C・I・Qの三機関の回答は当初いずれも、「ビートル」のために要員増とするのは難しい、というものばかりだった。

しかし、就航が一九九一年三月と正式に決まった後に風向きが変わった。

（まったく不思議なものだが）

直前の二カ月前というタイミングではあったが、C・I・Qから体制を確保するという返事を得た。今度は、何度もお礼参りにC・I・Qを訪れる大嶋部長と私であった。

もっともお礼ばかりで済むわけもなく、体制が固まった後はC・I・Qから出入国に関する具体的な事務手続きについての山のような指導を（海なのに）受けることとなった。

ワシントン条約で輸入禁止となっているものを乗客が持ち帰った場合の取り扱い、関税が必要な物品についての保管、不正なビザで入国しようとした外国人の身柄の拘束、伝染病の疑いのある乗客に対する処置などなど。

専門家でもこんがらがってしまいそうな事務手続きについて、船舶事業部全員が猛勉強する羽目になった。

特に〝I〟の、入国管理局からはあることで何度も念を押された。

「出入国の乗客名簿には、全員の氏名、住所、連絡先を必ず記載すること。出入国の人員数は、名簿と実際の乗船客数が絶対に一致しなければダメです！」

特に後者の「出入国の人員数」については、最終的に集計した数字が国の正式なデータとなるので、くれぐれも誤りのないようにと強く釘を刺された。

素晴らしいパートナーとの出会い

「ビートル」は、国際航路を走る。だから、相手国側との交渉も当然重要となる。この航路の相手国は韓国だ。

航路を開設するにあたり、韓国側のパートナーを決める必要があった。一般的には、この相手国側のパートナー探しに手間取るケースも少なくない。

しかし、私たちの博多〜釜山航路の場合は、幸いにして早くから**信頼できるパートナーを見つける**ことができていた。

パートナーは〝韓国の国鉄〟、つまり当時の韓国鉄道庁に決定していた。

じつは日本と同様に、〝韓国の国鉄〟も二〇〇五年に組織改正が行われ、主に運行・運営を行う韓国鉄道公社と、主に施設管理や建設を担う韓国鉄道施設公団に分離がなされている。「ビートル」就航当時はまだ〝国鉄〟で、正式には、韓国政府の交通部（日本でいう、国土交通省のようなもの）の外庁という位置づけだった。

私が船舶事業部の課長に着任してすぐに、韓国鉄道庁と航路開設についての協議をはじめることになった。もともと、鉄道会社同士ということや、韓国と九州の地理的な近さもあり、JR発足早々から、両者の間にはさまざまな交流があった。

私が凄かったのは……

（自分でいいますか）

私が凄かったのは……着任したのが一九八九年三月で、それから四カ月後の同年七月には、早くも両者間で覚書を交わすところまでこぎつけたことだ。

覚書の内容は、ＪＲ九州と鉄道庁が互いに協力し、博多〜釜山の高速船航路の開設準備を進めていくというものだった。

凄い、と誇るべきスピード締結ではあったが、もちろん私ひとりでなし得たことではない。初代社長の石井幸孝さんや大嶋部長が韓国側との交渉を後押ししてくれたからこそ、成就かなったのである。五月に、韓国鉄道庁長の金夏經（キムハギョン）さんと石井さんの、初めての会談がソウルでおこなわれ、大筋の方針がまとまり、七月の覚書締結となったのだ。

この会談の終わりに庁長が力強く約束をしてくれた。

「この航路の開設にあたっては、鉄道庁も全面的に協力をしましょう！」

この言葉で上機嫌になった石井さんは、その返礼のように隣席の私を紹介した。

「彼が今回の航路開設に直接動きまわる人間です。船舶事業部営業課長の唐池君です。なんでも言いつけてやってください。彼は、ガッツがあるし……優秀だし……何より体力がある！」

（どうも、優秀……というところだけ小さな声で聞こえにくかった気がする）

庁長の横には鉄道庁の課長らしき人が座っていた。庁長が笑いながらも、一瞬値踏みをするようにじろっと私を見たあと、石井社長に向き直った。

「ありがとうございます。鉄道庁側の窓口は、ここにいます営業課長の鄭錫烈(チョンスクユル)が担当します。彼も優秀な人です」

(今度は、「優秀」という言葉がよく聞き取れた。庁長が立派な人間のように思えた)

この日から、**チョン課長との本気の付き合い**がはじまった。

チョン課長は、当時五十代半ば、私よりも二十歳ほど年上の鉄道マンだった。現在お元気ならば八十代半ば。わずかな期間ではあるが、時代的に日本語を習っていた世代である。だから、チョン課長と私は、二人だけで会話するときにはかたことの日本語で意思疎通をはかった。

韓国側のパートナーといっても、鉄道庁自身が船舶の運航をおこなうわけではない。運航については、あくまでもJR九州が主体となる。

国際航路の性格上、相手国の港湾を所管する行政機関との折衝が必要になってくる。また、実際に釜山港の岸壁設備や営業の窓口を整備していくことになるので、建設会社などとの交渉も進めていかなければならない。そうしたときに、韓国側に頼りになるパートナーがいるのといないのとでは仕事の進捗に大きな違いが出てくるわけだ。

一連のそうした交渉ごとについても、韓国鉄道庁はこちらが要請する都度、パートナーとして仲立ちすることを快諾してくれた。おかげで韓国側の行政機関との折衝が予想以上のペースで進展し、航路の開設準備において日本側が後れを取るような場面すらあったほどだ。

パートナーに恵まれた。こんな幸運はない。

（この航路は、ついているぞ）

とりわけ、チョン課長の幅広い人脈と的確で迅速な動きには大いに助けられた。

極論すると、チョン課長がいなかったらこの航路はできていなかったといっていい。それくらいチョン課長の存在は大きかった。

石井さんと鉄道庁長の会談の一週間後には、チョン課長との打ち合わせのためにまたソウルに飛んだ。

当時のパスポートを開いてみると、十数ページが、韓国入国の際に捺されるスタンプでぎっしり埋まっていた。この時期の一年間で、韓国に四十回以上訪れている。ほぼ週に一度のペース。半分は福岡からの日帰り出張。

スタンプの数があまりに多いので、ソウル空港の入国管理の係員に不審な人物と疑われたこともあった。その際、持っていたチョン課長の名刺を見せたら、無事ゲートを通してくれた。ここにもチョン課長の威光が届いているのか。嬉しくなって、チョン課長に顚末を告げると、チョン課長は笑いながら一言いった。

「ケンチャナヨ」

韓国語で、大丈夫だ、という意味だ。どうして、「ケンチャナヨ」なのかわからなかったが、私もとりあえず笑顔で返した。

あとで知ったことだが、「ケンチャナヨ」には、大丈夫ですよ、心配しなくていいですよ、という**相手を気遣う気持ち**が込められているとのこと。

（へええ……）

チョン課長のことがますます好きになってきた。

庁長との会談から一週間後、鉄道庁にチョン課長を訪ねると、チョン課長は庁舎の玄関に立って待っていて、旧知の友人のように笑顔で迎えてくれた。営業課の事務室に案内され、応接室のソファをすすめられた。座ると同時に、チョン課長は、居合わせた営業課のスタッフに私をこう紹介した。

「皆さん、こちらを注目してください。この人は唐池さんといいます。日本の九州の鉄道会社の営業課長です。これから、私はこの人と高速船航路の開設に向けて協議します。皆さんも唐池さんに協力してください」

みんな、初めは何がはじまるのかというけげんそうな表情を浮かべていたものの、チョン課長の紹介を聞くと、笑顔と拍手で歓迎の意を示してくれた。

その彼らの明るい表情を見るだけで、チョン課長がいかに信望を集める人物かがよくわかった。後に、この場にいたチョン課長の部下の皆さんが、航路開設のためにチョン課長と共に献身的に走りまわってくれた。

紹介いただいたあと、チョン課長と作戦会議を開いた。その会議で、韓国内でどう動けばいいかが見えてきた。会議の内容を箇条書きにすると次のようになる。

一、韓国鉄道庁は、船舶の運航についてはなんの権限もない
二、船舶の運航については、鉄道庁と同じ交通部の外庁である海運港湾庁の所管
三、次回私が訪韓するまでに、チョン課長のほうで海運港湾庁に概要を説明
四、海運港湾庁の担当となる外航課長は、キャリアのエリート官僚でチョン課長もよく知っていて、話のよくわかる人物とのこと
五、次回私が訪韓したときに、チョン課長と共にこの外航課長と面談を行う

六、釜山港では、港湾業務を担当する船舶代理店を指定すると共に、接岸設備や乗船窓口といった設備整備の必要あり。このことについては、海運港湾庁との折衝の目途が立った時点で着手

七、その他、韓国内での営業体制については今後継続的に協議

次の訪韓時、といっても作戦会議の翌週のことだった。会議で確認したこの七つのことを踏まえながら、航路開設のための本格的な準備活動が韓国ではじまった。

私は毎週のようにソウルを訪れ、鉄道庁と海運港湾庁を行ったり来たりの日々。

海運港湾庁に行くときは、必ずチョン課長が同行してくれた。海運港湾庁との交渉は、通訳を通してのものだったから、最初はなかなか意思疎通がうまくいかなかったこともあったが、そんなときいつも横からチョン課長が助け船を出してくれた。

(船舶の航路だけに〝助け船〟とはニクい)

大嶋部長も、重要な局面ではしばしばチョン課長と私とタッグを組むべく、ソウルに同行してくれた。大嶋部長もチョン課長のことがすっかり大好きになったようだった。

交渉の回数を重ねるごとに、海運港湾庁は、私たちの航路開拓の意義についての理解を少しずつだが着実に深めてくれた。おそらく〝助け船〟のおかげだろう。一九八九年の五月にスタ

ートした海運港湾庁との折衝は順調に進み、八月には概ねの決着をみることとなった。

韓国内での準備活動の中心は、ソウルから釜山に移っていった。

いよいよ、釜山港のＣ・Ｉ・Ｑ整備や岸壁の接岸設備、営業の窓口といった、国際航路を担う船会社としてなすべき基本事項にとりかかるわけだ。今度は釜山を頻繁に訪れ、港湾関係の行政機関に何度も足を運ぶ。同時にソウルの鉄道庁にも、チョン課長との打ち合わせのために引き続き通い続けた。

「ビートル」就航に向けた韓国での活動は、ほぼ予定通りに進捗していった。ひとえに、チョン課長のおかげだった。抜群の行動力と幅広い人脈、それに**つねに物事を前向きに考えるプラス思考**。

韓国でチョン課長と出会ったことが、あるいは、チョン課長がこの時期にたまたま鉄道庁の営業課長であったことが、「ビートル」の就航を実現させたといってもいい。

体も張って「ケンチャナヨ」

チョン課長とは、ソウルに滞在中はずっといっしょに行動した。仕事で走りまわっているときもそうだが、夕方その日の仕事を終えても、チョン課長は必ず食事に誘ってくれた。チョン課長が案内してくれる店は、日本人の観光客がめったに訪れないところが多かった。だから、店の見栄えはそれほどよくないが、料理の味は申し分なかった。ちなみに日本の観光地でも同じことがいえる。観光客に人気という店では、しばしば「……」という料理に出くわすこともあるが、**現地の人でにぎわう店に外れはない**。

泊りがけのソウル出張の折には、チョン課長が早朝のホテルまで迎えに来てくれることもままあった。

「唐池課長、どうせ二日酔いでしょう。韓国人が前日に深酒したときに必ず行く店に行きましょう」

チョン課長はときどき、失礼なことを平気で言う。でも当たっているから、黙ってソウルの路地裏までついていった。お世辞にもきれいとはいえない店に入った。

「唐池課長、この店の『ヘジャンク』を注文しますよ。韓国人は、二日酔いの朝これを食べます」

目の前に「ヘジャンク」なる、大きなカップに入った何かのスープが出てきた。味噌汁より赤みがかっていて、一見する分にはいかにもまずそう（失礼！）。その濁った汁の中に黒っぽいフォアグラの塊のようなものが入っている。見る限りは、二日酔いが三日酔いにもなりそうな一品であった。

「美味しいですよ。食べましょう」

チョン課長特選の料理を拒んではいけない。

ええい、どうにでもなれ、と覚悟を決めてその妙なスープを口に放り込んだ。

（旨い……これはいける！）

見た目と大違いで、ほどよい辛さで、それでいて旨みがある。たちどころに二日酔いが飛んでいった。

「『ヘジャンク』は、疲れた胃腸を整え、二日酔いに効くスープです。ふつう、牛骨ベースのスープを使います。そのフォアグラみたいとおっしゃったものは、牛の血を固めたものです」

「ヘジャン」は胃腸を醒ますという意味で、「ク」は汁のことをいうそうだ。

やはり、現地の人が行く店に間違いはない。

時折、チョン課長の自宅に招かれることもあった。

韓国の家庭では、父親は絶対である。チョン家もそうだった。チョン課長は、職場だけでなく、家族からも尊敬され大事にされていた。その家族像を目の当たりにして、私は私で、ますますチョン課長が好きになった。

あるとき、日本人はまず行くことはないという、チョン課長お気に入りの居酒屋風の店へ連れられて行った。

店の中は、韓国人のサラリーマンとおぼしき男たちでごった返していた。

席に着いて、まわりを見渡してみると客たちがこちらを睨んでいるではないか。そして、その中のグループのリーダーらしき、ちょっと人相のよろしくない若者が、私たちが座る席に近づいてくるなり、チョン課長にもの凄い剣幕で怒り出した。

韓国語でまくし立てているので、何を言っているのかよくわからなかったが、状況からなんとなく察せられた。どうも、この人相の悪いリーダー風の男は「韓国人専用の店になぜ日本人を連れてくるのか」とチョン課長を非難しているようだった。

私が心配そうにチョン課長を見ると、チョン課長は得意のあのせりふを口にした。

「ケンチャナヨ」

チョン課長はそう言うと、男を奥の部屋へと引っ張って連れて行った。

しばらくして、チョン課長が戻ってきた。男は戻ってこない。

「ケンチャナヨ。片づきましたから」

チョン課長のシャツが乱れていて、口元が少し切れて、血がにじんでいる。

確かに片づいたようだった。

私は、ますますチョン課長が好きになった。

一九九一年三月二十五日。いよいよ、就航日がやってきた。博多港の出発は午前十時。三十分前から、就航日の第一便に乗船されるお客さまと、港湾関係各社より招いた来賓の皆さんに「ビートル」が停泊する岸壁に集まってもらい、釜山航路就航記念式典を執りおこなった。JR九州社長の石井幸孝さんの主催者挨拶にはじまり、来賓の皆様に祝辞をいただき、恒例のテープカット。滞りなく式典が進行していった。

司会を担当した私も、満足のいく出来栄えだった。お客さまも来賓の方もみんな「ビートル」の就航を笑顔で祝福してくれた。博多港の岸壁が華やかなムードに包まれた。

お客さまはすでに出国手続きを終えているので、式典が終わるとそのまま目の前に接岸している「ビートル」に乗り込むだけだ。

式典が終了し、約二百名のお客さまもすべて乗船した。

私も、この後の釜山港での祝賀会のため同じ船で釜山に向かうことになっていた。式典の後片づけを博多港に残った船舶事業部のスタッフに任せて、式典の司会者用のマイクスタンドの前から「ビートル」に飛び乗った。

あとは、「ビートル」が岸壁から釜山に向けてゆっくりと滑り出すだけだ。

ここで、異変が起こった。

定刻の午前十時になっても、「ビートル」は出航しなかった。

（船員も慣れていないから些細なことで手間取っているのだろう）

定刻から十分過ぎたが、まだ「ビートル」は動かない。

なにやら、「ビートル」の操縦室から航海士が血相を変えて飛び出してきた。

「出国手続きを済ませた人員数と、さっき船内で数えた乗客数が違っています。ひとり船内の人が多いのです。数が一致しないから、C・I・Qから、出航はまかりならぬ、との命令が来ました」

およそ二年をかけて準備をしてきて、すべてが順調に進んだわけではない。それでも、ようやく就航にこぎつけた。さきほどの式典も無事に終了した。どうして、初日の大事なときに出国手続きでミスをするのか。あれほど、「出入国の人員に間違いがないように」と何度も釘を刺されていたのに。

心の底から怒りが込み上げてきた。珍しく大声を張り上げた。

「何をしているんだ！　この大事な第一便をなんだと思っているんだ！」

二十分が過ぎた。船長が私のところにやってきた。

「唐池課長、出航の特認をもらいました。乗船客数の数え間違いということにして、出航の許可が出ました」

結局三十分遅れで第一便が出航した。

博多港を出て二時間ほど経つと、左手に対馬が見えてくる。

博多港で式典を終えて岸壁からビートルへ飛び乗った感触を思い出しながら、はっと気がついた。

「ひとりだけ人数が合わないということは……私自身が出国手続きをしていなかった？」

このことは、生自分の胸にしまっておこうと固く誓った。

（ここに書いたので誓いを守れなかったが）

就航してしばらくの間、「ビートル」には厳しい日々が続いた。

玄界灘の波の荒さは聞きしに勝るものだった。特に北東の風が強いときは、日本海から押し寄せてくる高波が玄界灘に入ると怒濤のように荒れ狂う。就航から一年間は、ジェットフォイルという高度な操船技術を要する船舶を前に社員が未熟だったことや、玄界灘付近の気象予想に慣れることが全員できずにいたことから、欠航を余儀なくされることも少なくなかった。就航率は低く抑えられ、そのため乗客数も伸びずにいた。

二年目、三年目となると、操船技術も格段に向上し気象予想も的確にこなせるようになり、就航率も高く維持できるようになった。それらに連動して、搭乗率も次第に右肩上がりを描きはじめた。乗客の伸びに合わせ、一九九八年に二隻目、二〇〇一年に三隻目のジェットフォイルが投入された。

就航一年目の乗客数は四万人余り。私たちが想定した十万人よりも遥かに小さい数字だった。しかし、十一年後の**二〇〇二年には、三十万人を突破する**までになった。

ちょうどそのころ、船舶事業部創設時に集まった社員たちが皆、船員資格を取得した。

「ビートル」は現在、三隻体制で博多〜釜山を運航中。これまでの二十六年間で累計六百万人のお客さまを運び、「一に玄海」といわれたこの海で、過去五年間において就航率九十七パーセントを達成している。

あらためて今、大嶋部長の言葉を思い出し、その意味をかみしめている。

「船会社は、自前の船員を持たなきゃいけません」

九州みちゆ記
JRの人たち
『こんにちは』が多い
こんにちは
コンニチハ
今日ハ
今日ハ
色んな所でアイサツされた。迎え入れられる感じ、気分よい。
アイサツは次の動作（聞く、助ける）にもつながり易い気がする。
こんにちは→どうされましたか？
じゃけんにされない
D&S列車の取材は、試験運転や回送の時に乗った
ガタン ゴトン
パチ
フムフム
無精ヒゲの四十男がウロチョロしても邪険にされない、放っといてくれる
ガタン ゴトン
試走中なので、お構いもできなくて…
とんでもない
ミ、便利なんです
ほー
たまに話してくれる。程良い距離
きさく
エラい人も何やら気さくである。
会長さんがあんなだし
グループの社長さんだったのか。
駅長さんだ
なので、名刺を見直して後から役職に気づく
※失礼ご容赦の程を
アチャー
それぞれ
湯布院の駅長さん（'15当時）は一寸他と違ってオラオラ系な感じ
こんな人もいるんだ
ほう
おのずから
809
鉄道会社に入って野菜やら船やら飲食に携わるのは、どんな心持ちなのだろうと、よく解らなかったが、その場をちゃんと任されると、人、おのずから自負を持ち工夫を為すものとみえる。
楽し気に野菜を語る人を見て思う
しかし時間がおした我々を、予定の見学場所全てに連れてゆき、その間にも町の人と声をかわし、最後はあまり観光客の行かない駅の反対側に案内し「この景色を見て欲しいんですよねぇ」と夢を語る人であった
勢いのある細やかな人なんだろーな
元気かな
これはこれでJR九州スピリットの現れ方の一つだと思った
-3-

高いハードルが濃い交流を生んだ

水戸岡　いつも思うんですが、唐池さんは「いい人」に恵まれる才能がありますね。そして、その「いい人」と集中的に密度濃くつきあって、大きな成果を上げる。

唐池　この国際航路については、旧国鉄の当社として韓国の鉄道庁とのパートナーシップを狙い通り取り付けたわけですが、個人レベルとなるとチョン課長はまさに得難い人でした。船舶事業もそうでしたが、私はまったく畑違いの仕事にいきなり関わる場面も何度となくあったわけです。そういうときは集中的に目の前の課題、難題に取り組む。そのハードルを越えようと思ってかじりついて勉強したり、対策を練ったりしているうちに、**いきなりぱっと大きな可能性が広がるような感覚**にとらわれることがある。

水戸岡　長年、一緒にいるからよくわかります。

唐池　そういう時間を一緒に過ごしていて、大きな可能性を感じられるような瞬間をともにしてくれた関係者はもう**〝戦友〟**ですよ。時間が経っても、目上の先輩も年下の後輩も、その仕事の話になるとたちまちそのときの感覚がよみがえる。チョン課長にはずいぶんご無沙汰してはいるのですが、お元気なら「ビートル」が今も元気に玄界灘を突っ走っていることはきっと知ってくださっているでしょう。

水戸岡　「ビートル」の真っ黒ピカピカの色を許可してくれたり、ななつ星のインテリアを実現させてくれたときもそうでしたが、唐池さんの社内外の双方に向かう調整能力にずいぶん助けられたように思います。

唐池　目的に向かって成立させるためには、**いろんな人間を巻き込んで味方や話し相手になってもらう**必要があります。たとえ反対派の人間でもそう。

水戸岡　**ななつ星のときには、反対派の急先鋒だった人を運行の責任者に抜擢した**んですもんね。ああいう人事術まで駆使するところが、傍（はた）から見ていて痛快ですらあります。痛快、と思った心境がそのままデザインに表れたりもするんですよね。

唐池　農業参入（「動物記」に詳述）の際などもそうでしたが、文字通りまったくの畑違いなんだけど、だんだん熱意が湧いてきて、この事業はどうしたらうまく成り立つんだろうと、夢中で準備する思考に入り込んでいくんですね。そうやって当事者たちと自然に密度濃くつきあっていくことになる。

水戸岡　どの事業にも唐池さんと濃くつきあったキーパーソンがいて、理解を深め合っている様が伝わってきて、いつも羨ましく思っています。

唐池　そういう水戸岡さんとは、私が関わってきた仕事のかなりの部分でご一緒してますね。だから、理解を深め合ったつもりで、先日某所で行われた公開対談で「**水戸岡さんのデザインの基本は引き算**なんです」と気分よく話していたら横から「最近は足し算です」と割り込まれて、えらい恥をかきましたよ（笑）。

水戸岡　**ななつ星は足し算**ですよ。「世界一」をめざして関わった人々の数と思いの質量を考えたら、自然とそうなりました。

唐池　我々も、まだまだ理解を深め合う必要がありそうですな（笑）。

学んだこと

熱意と準備、そして密度で交渉の成否は決まる

「外食王」への道　第二幕①

レストランはメーカーである

1977年（昭和52年）　国鉄に入社
1987年（昭和62年）　JR九州に「入社」
1988年（昭和63年）　丸井で研修
1989年（平成元年）　SL「あそBOY」デビュー
　　　　　　　　　　特急「ゆふいんの森」デビュー
　　　　　　　　　　船舶事業の準備をスタート
1991年（平成3年）　「ビートル」国際航路開設
1993年（平成5年）　外食事業に着手
1996年（平成8年）　外食の新会社を創設
2000年（平成12年）　**本章　外食会社の社長に復帰**

［レストランはメーカーである］

＊1993年に外食事業部次長として赴任後、赤字解消に努

め、ついに3年目に黒字化に成功。1996年には同事業部をJR九州フードサービスとして分社化し、初代社長に就任した。ところが、本社に復帰して3年経ってみると、JR九州フードサービスは赤字会社に転落。本社の重役たちからも背中を押され、再び同社の社長として奮闘することに。

2002年（平成14年）　東京・赤坂にレストランオープン
2003年（平成15年）　「南九州観光調査開発委員会」を発足
　「サービスランキング」を実施
　社の信条に「4S（後に5S）」を加える
2004年（平成16年）　九州新幹線部分開業を指揮
2006年（平成18年）　会社初のM&A交渉を担当
2009年（平成21年）　JR九州の社長に就任
2010年（平成22年）　農業に参入
2011年（平成23年）　「JR博多シティ」オープン
　九州新幹線全線開業
2012年（平成24年）　「うちのたまご」発売
2013年（平成25年）　「ななつ星 in 九州」運行開始
2014年（平成26年）　JR九州の会長に就任
2016年（平成28年）　「駅から三百歩横丁」を博多にひらく
　株式上場を果たす
2017年（平成29年）　JR発足30周年を迎える

八億円の赤字を三年で黒字化

鉄道会社のサラリーマンだが、かつて「外食王」をめざし、時としてそう呼ばれたこともあった。

一九八七年にＪＲ九州が発足してちょうど三十年。

この間、直接鉄道の仕事に携わったのはわずか四年しかない。総務部、船舶事業部、外食事業部、経営企画部などと、鉄道事業本部以外の部署を転々とした。

中でも外食事業に関わった期間はとりわけ長く、通算で七年に及ぶ。

まず外食事業部を立て直し、新会社を立ち上げ初代社長を務めたところまでで四年。その後本社の経営企画部で部長を務めた後、また自分が立ち上げた会社へ三代目社長として復帰して三年。

そういうわけで鉄道会社の人間なのだが、二度にわたって外食事業の経営に携わり、**二度黒字に転換させた**経験をもつ。

一度目の経験は一九九三年三月にスタートした。

「ビートル」の国際航路を拓いた船舶事業部を経て、外食事業部次長を拝命した。

直属の上司に当たる外食事業部長は、本社の常務取締役にして、流通事業本部長でもあった宮永喜久生さんがひとり三役で兼務されているという状況。

「次長・唐池恒二」が、事実上の責任者かつトップとして動かなくてはならないという暗黙の了解がそこにはあった。

着任する前年、一九九二年度の外食事業部の業績を見ると、まことに惨憺たるものだった。売上が二十五億円、**赤字がなんと八億円！**

外食事業についてはまったくのど素人だったが、この仰天の事実を前にして、着任後すぐに猛烈な勉強をはじめた。

書店に行くたびに飲食店経営について書かれた本を十冊ずつ購入し、本が手擦れするほど読み返した。全国に出かけ、外食産業の他社の門を叩き、成功者といわれる経営者やプロデューサーのもとに直接足を運び、話を聞き、**メモを取り続けた**。

とにかく外食産業という未知の世界で成功したい一心で、小僧のように教わり、学び、勉強した。そこから得られた結論をレポートとして本社に提出、**黒字に至るための三カ年計画**を立てた。

時間はさほど許されていなかった。会社の外で貪欲に学びながら、ＪＲ九州が経営するレストランや食堂の店長たちに、吸収したばかりのノウハウを伝え、また一緒に勉強することにした。

それまでは、九州各地から店長が集まる「店長会議」は慰労会をメインとする、年に一度の定例行事に過ぎなかったが、私が着任後六カ月目から月例の**研修鍛錬の場**と化した。

現在の外食産業の方々には常識であろう、月次決算のつくり方、クルー（パートやアルバイトのことを我が社ではこう呼んだ）の採用や教育の仕方、コスト管理の方法などの店長の仕事を、自ら猛勉強しながら彼らに叩き込んだ。

店長たちも厳しい訓練に堪えてくれた。「店長会議」を重ねるごとに、顔つきから服装から言動から、店長たちが店長らしくなっていった。それに連動して、外食事業部の業績もぐっと右肩上がりの数字を示しはじめた。

次長就任の一年目、一九九三年度、赤字額は前年度の八億円から減少し、五億円となった。改善スピードが遅いようにも見えるかもしれないが、同年度途中から「店長会議」という名の研修がはじまったことを考えると、かなりの成果といえた。

二年目の一九九四年度には、赤字を二億円にまで圧縮できた。

三年目の一九九五年度に、**ついに黒字に転換**した。わずかながらではあるが、一千万円の利益を計上することができた。

黒字になったことで、ＪＲ九州の外食事業部は、一九九六年四月に分社化、ＪＲ九州フードサービスという新会社としてスタートを切ることとなった。

私は初代社長として一年間指揮を執り、初年度は売上三十一億円、経常利益三千万円。新会社のスタートとしては上々、という評価を得たこの業績を置き土産に、一九九七年六月、ＪＲ九州フードサービスの社長職を後任に譲り、本社のＪＲ九州に復帰。経営企画部長を拝命した。

ここまでが、「外食王への道」の第一幕である。

前著『鉄客商売』にしつこいくらいに詳しく述べているのでご参照いただけたら大変幸い。

再びの巨額赤字とその原因

本社の経営企画部長として赴任したこのときには、まさか三年後に再びＪＲ九州フードサービスの社長に戻るなんてことはまったく想像していなかった。

二年九カ月が過ぎた二〇〇〇年三月、当時のＪＲ九州社長の田中浩二さん、同専務の長網（ちょうあみ）良晃さん、そして同経営企画部長だった私の三人でグループ会社の現況について話し合う時間がもたれた。

たしか長網さんから打ち合わせをしよう、とふいに声をかけられた。それで社長室に入った。そういうことだったと記憶している。

会社とは、一瞬の綾で、大事なことが決まったり決まらなかったりするところである。

話がグループ会社の課題に及んだとき、長網さんが私に、いつになく優しげな目を向けた。

「グループ会社で一番問題があるのはどこかね？」

当時私が部長を務めた経営企画部は、会社全体の経営計画を策定したり、設備投資をコントロールしたりする部署で、グループ会社の監視役でもある。グループ会社の動向には、その場にいる三人の中では、私が一応飛び抜けて詳しいことになっている。実際には、田中さんや長網さんのほうが詳しいことが多いのだが、立場上私がグループ会社のことならなんでも知っているというそぶりを見せなければいけない……。

「今一番の問題は、ＪＲ九州フードサービスがまた三年連続で赤字になりそうだということでしょう」

三年前までＪＲ九州フードサービスの社長だったので、この件についてはよくわかっていた。私が社長を退いた年から同社は再び赤字に逆戻り。二年間で毎年一億円ずつ赤字を計上し、その年度も同じ傾向が続いていたので、三年連続で赤字になることが予想された。

長網さんは、私の答えを予想していたように小さく頷いた。

「唐池君、君にまた苦労をかけることになるが……」

隣の田中社長が黙って頷くのを確認して、長網さんが言葉を続けた。

「もう一度フードサービスの社長に戻ってくれないか」

(そうか、このことを言うために私を呼んだのだな)

優しい口調だが、有無を言わせぬものを感じた。もちろん、〝ノー〟というつもりはない。古巣の会社の厳しい状況もよくわかっていたから、私もなんとかしなくてはならないと、かねて考えていた。

(よし、やってやろう)

「わかりました。行きましょう」

ここからが「外食王への道」、第二幕のはじまりだ。

二度目の黒字転換劇は、本社から再びJR九州フードサービスの社長に復帰したときからの物語となる。

「手づくり」の店でなくては黒字にならない

本社社長室でのやりとりから三カ月が経った二〇〇〇年六月。

三年ぶりにJR九州フードサービスの社長の椅子に座った。座ったがすぐに立ち上がった。着任前の想像以上に、厳しい実態が聞こえてきたのだ。

さっそく現場へ向かった。同社が営む店舗を見てまわる。まず、前任時代からよく訪れていた鹿児島地区の焼き鳥居酒屋の「驛亭（えきてい）」川内（せんだい）店。焼き鳥の串を見て驚いた。

（小さい……）

私が関わっていた三年前までの川内店の焼き鳥の串に刺さっている肉の身は、味もさることながら圧倒的な分量、大きさを誇るものだった。手羽先、モモ肉、ささ身、鶏皮、レバー、軟骨、砂肝。どれをとっても、他の競合店の追随を許さないボリューム感。

ここで、九州の焼き鳥屋の豆知識をひとつ。

東京の焼き鳥屋の場合、ほとんどの店には鶏肉しか置かれていないが、大阪や九州の焼き鳥屋にはほとんどの場合、豚バラ肉が串に刺されて焼き台の前に並んでいる。川内店でも人気ナンバーワンは、豚バラだった。

多くの場合、串一本あたりの平均はだいたい四〇〜五〇グラムほど。

「一度目の黒字化」達成の前、私が覆面リサーチと称して足繁く通っていたころの川内店の豚バラは串一本あたり一〇〇グラムを超えていた。当時は、原価率を真剣に心配したものだ。

そして私がいたころは、豚バラを含めてすべての焼き鳥が店の「手づくり」だった。

この場合の「手づくり」は、養鶏や養豚からはじめることは指さない。九州産の良質の鶏肉や豚肉の塊（ブロック）を仕入れ、串に刺せるようなポーションにカットし、夕方までにカットした肉の身を串に手刺しする。これらの作業をすべて店長以下の従業員総出でおこなうことを店の「手づくり」と私たちは言った。

川内店は居酒屋業態で地域の一番店となった。


勝因は焼き鳥のボリューム感と「手づくり」、この二つにあったと思う。


三年ぶりに訪れた川内店は、この二つが跡形もなくなってしまっていた。焼き鳥の大半が東南アジアから輸入した冷凍ものに替わっていた。ほぼ均一に寂しいくらいの小さなポーションとなっていた。「手づくり」だったからこその美味しさも損なわれていた。

本社の指示通りに、人件費の切り詰めをおこなおうとした結果なのだろう。

焼き鳥のコストの大部分は、材料費と人件費だ。鶏や豚の肉の塊を小さくカットし、串に刺していく。川内店の場合だと、一日千本近い串刺し作業となる。大変な労力が要るのだ。単純に計算すると、豚バラ一本の串をつくるのに、豚バラ五〇グラムとして材料費が約二〇円、人件費が三〇円かかる。カットして串に刺す手間賃、すなわち人件費が材料費よりも高くなる勘定だ。

そこで、人件費を減らすべく串に刺された冷凍ものに替えたのだろう。

結果、豚バラの串一本あたりのコスト自体は四五円に抑えられたという。

一本五円のコスト削減を成し得たわけだが、それ以上に失ったものは大きかった。来店客数が減少し、「手づくり」を行なっていた時期と比べると、売り上げそのものが二割から三割ほど落ち込んでいた。本末転倒である。

川内店の店長が、申し訳なさそうに首をひねる。

「うちのお客さまは、私たちが手間をかけてつくった焼き鳥、『手づくり』の焼き鳥だからこそ来店してくれていたんですよ」

（そりゃそうだろう）

西鹿児島駅（現・鹿児島中央駅）前のカレー店「印度屋」でも同じことが起こっていた。

この店も「おいしい」と評判の店だった。店長の馬ノ段（うまのだん）祐一さんが丹精込めてつくる自家製のカレー粉、そして本場のインド人と見まがうばかりに日焼けをしたイケメン店長の馬ノ段さん自身がその人気の秘訣だった。

ところが、三年の間にすべてが変わってしまっていた。

自家製カレー粉仕上げのカレールーが、業務用のレトルトに。インド人風のイケメンは、ただのくたびれた中年日焼け男に。

結果、売り上げも半減。


元インド人風のイケメンが悔しそうに、薩摩訛りで声を絞り出した。

「前んように、手づくりカレーに戻せば、必ずお客さまは戻ってきます」

横にいた、鹿児島地区のマネージャー的存在の川口隆馬さんも激しく同意、の声を挙げた。

「じゃっど！」

川口さんは、前任時代に鍛錬の場とした「店長会議」で共に学び、共に汗をかいたメンバーだった。三年ぶりの川口さんの「じゃっど！」は、なんとも耳に心地よく響いた。

「じゃっど」は、鹿児島弁で「そうだ」という意味だ。

川口さんはそう声を挙げ、「あんたならわかってくれるでしょう」といわんばかりの微笑みを浮かべた。

川口さんは、ＪＲ九州の一事業部であった外食事業部が、ＪＲ九州フードサービスという一企業に生まれ変わるまで、鹿児島地区のリーダーとして尽力くださった方だ。

ちなみに福岡には相良（さがら）栄治さんという方がいて、当時の行橋（ゆくはし）駅のうどん店店長として地域をリードし、「二度目の黒字化」に大きく貢献してくださった。

ＪＲ九州フードサービスが立ち上がった後、相良さんは同社の福岡地区を引っ張り、そして川口さんは鹿児島地区の統括として、引き続き地区の店舗を監督する立場にあった。

先の黒字化を支えた二大リーダーのひとり、川口さんの訴えるような目を見てその場で決断した。

「馬ノ段店長、すぐに以前のように**手づくりのカレーに戻そう！**」

翌日から、川口さんと馬ノ段さん、それに川口さんの補佐役の松元昇二さんの三人が倉庫の奥にしまい込んでいたコンロと鉄板を引っ張り出し、店の調理場に据え付ける工事にとりかかった。それは、カレールーに使う十数種類の香料を炒めるための設備だった。

一週間で「手づくり」の調理場に戻った。彼ら三人は、このときが来るのを待ち構えていたようだった。

主要店舗をひととおり視察した後、社長に復帰して初めての「店長会議」を二〇〇〇年六月下旬に開催した。私は三年ぶりに見る店長たちの懐かしい顔を目の前にして、気持ちの昂ぶりを抑え切れずにいた。

七年前、初めて外食事業部に異動してきたときのことがまざまざと頭をよぎる。冒頭挨拶で握ったマイクに声を張り上げた。

「皆さん、三年ぶりに戻ってきました！　これからまた皆さんたちと仕事ができることを嬉しく思います」

嘘ではない。店長たちの期待に満ちた顔つき。

(待ってくれていたのだ)

私の体の底から「ようし、やってやるぞ！」という、懐かしい闘志が湧いてきた。

外食業はメーカーである

「今日は三つのことを言います！」

(そう、私は三つが好きだ)

特に物事のはじまりにおいては、三という数字にある種の力を感じる。

「一つ、夢です。私たちは、今から夢に向かって進みます。夢といっても遥か遠くにあるものではありません。**絶対に早期に実現させなければいけない夢**です。その夢が実現しないときは、このＪＲ九州フードサービスという会社もなくなってしまいます」

（おいおい、社員たちを脅かすんじゃないよ）

「私たちの最小限の夢、必達の夢は、当社を黒字にすることです」

（七年前の再現だなあ）

「今年中に黒字にしましょう」

前年度も約一億円の赤字だった。三年連続で一億円ずつの赤字を出していた。

今年中に黒字になんてできるわけがない……。

一部の店長たちの表情からは、そんな気持ちが読み取れた。

しかし、大半の店長の目はすでに輝きはじめていた。

「二つ、お店に『気』を満ち溢れさせること」

いくつかの店舗を見てまわって気づいたのは、どの店も「気」が抜けていることだった。気迫も元気も気づきもない。

「気」のない店には、お客さまが寄り付かない。

「気」に満ち溢れた店は、必ず繁盛する。

これらは今でも強く言い続けていることである。現在のＪＲ九州の社員ならば皆が知っている。

では、「気」を呼び込むにはどうすればいいか。このころにはもう、私は「気」を満ち溢れさせる四つの法則を唱えていた。

一．スピードのあるきびきびした動き
二．明るく元気な声（挨拶や会話）
三．スキを見せない緊張感
四．よくなろう、よくしようという貪欲さ

この四つの法則を心構えとしてもち、行動に移すことで、その人自身にも、その人のいる場所にも、さらにはその人の勤める会社や店にも「気」が集まってくる。

店長たちに、「気」を集める法則そのままに、熱い口調で畳みかける。

「三つ、外食業の基本に立ち戻ろう！」

外食業の基本とは何か。それは**外食業はメーカーである**、ということ。

メーカーは、仕入れた原材料を自らの手で加工したり組み合わせたりして付加価値の高い商品をつくり出す。小売業は、出来上がった商品を仕入れ、ほとんど手を加えずに仕入れたままの状態で販売することを業とする。

そして外食業は、仕入れた食材を調理という加工を施し料理という付加価値の高い商品をお客さまに提供する。だから、外食業はメーカーのひとつとして分類される。小売業とは違う。

しかしながら、当社の主要店舗を視察してまわってみると、メーカーであるという本質を否定しているようなものが目についた。

例えば、「印度屋」のカレー。レトルトを仕入れ、ほとんど手を加えずにそのまま温めるだけの商品を飲食店の料理として提供するのはいかがなものか。結果は明白だ。レトルトにした後、自家製カレー粉で提供していた時と比較すると売り上げが半減してしまっていた。

「驛亭」の焼き鳥についても、ほとんどを東南アジアで串に刺され冷凍されたものを仕入れるのはいかがなものか。これもお客さまからすでに評価をされていた。売り上げが各店平均で二〜三割も落ち込んでいた。


鹿児島で、川口さんやインド人風のイケメンと早々に導き出した結論も一気に発表した。

「『印度屋』も自家製カレーに戻しました。『驛亭』の焼き鳥も、冷凍をやめて以前のように店で肉を串に手刺しする、『手づくり』の焼き鳥に戻しましょう」

集まってきていた「驛亭」の店長たちの顔がぱっと明るくなった。

店長会議から一カ月も経たないうちに、十数店ある「驛亭」の焼き鳥がすべて「手づくり」に戻った。

その過程で、店長たちは新たな知恵も出してくれていた。「驛亭」は夜の焼き鳥居酒屋が営業の基本だが、ほとんどの店舗では昼の時間帯も定食屋として開けている。昼の時間帯に従事するパートは主婦が中心だが、彼女たちの要望もあり、三時間の勤務となっていた。

しかし、昼食時に忙しいのは一時間ほどだ。彼女たちの手が空くおよそ二時間に串を手刺ししてもらうことにした。こうすれば人件費も増えない。「手づくり」の焼き鳥にすることで、人件費が膨らむのではないかという問題が難なく解決された。

「印度屋」と「驛亭」グループの売り上げは、その後急速にV字回復を果たした。他の店舗も、「外食業はメーカーである」という基本に立ち返ったため、店の「手づくり」メニューを増やし、いずれもぐんぐん売り上げを伸ばした。

売り上げを伸ばせた勝因は、商品づくりに手間をかけたこと。そして店を「気」で満ち溢れさせたこと。この二つだったと断言できる。さらに言うと、**「手づくり」に立ち返ったこと**

で、自然と四つの法則が満たされ、そして「気」が満ちてきたのではないか。働く彼らの表情を見ていると、そう思えてならなかった。

もっとも、六月に社長復帰したものの、年度単位（三月末決算）で考えると赤字体質のまま二カ月が過ぎてしまっていることになる。たった十カ月、檄を飛ばした店長会議を経た後ということで数えるなら九カ月。たったそれだけの期間で黒字ベースにできるのか。店長会議では強気に言ったが、頭の隅に「本年度中の黒字化は難しいかもしれない……」との弱気もあった。

ところが不思議にも、復帰した二カ月後の八月から単月黒字になった。不思議にも……つい謙虚にそう書いてしまったが、どこかで当然だ、という気持ちもあった。

秋、十月を過ぎたころには年度黒字化に絶対的な自信をもてる実績を手にしていた。

復帰して第一歩目の夢が実現する。社員たちの本気の努力が報われる。彼らの喜ぶ顔が目に浮かぶ。

夢を描き、「気」を呼び込む役

ところが、経営者とはやっかいなものだ。黒字になるとの確信が強まると、また新たな悩みが生まれる。

ひとつの夢がかなったときは、ひとつの夢が消え失せるときだ。

次なる夢を描かなければいけない。夢という進むべき方向が定まるから、組織は迷わずその方向に向かって行動しようとできる。

夢は、組織や人に活力を与える。

「気」を満ち溢れさせる四つの法則に、この大事なものが抜けていた。夢を描き、夢に向かって邁進するところに「気」が集まってくる。

四つの法則は加筆修正した。

五．夢みる力を加えて、**五つの法則**としよう。

会社の黒字化が見えた十月、次なる夢をどうしようと考えていた。なにげなくテレビを観ていると、ＪＲ東海のＣＭが流れてきた。

〝そうだ京都、行こう。〟

（……そうだ！　東京に行こう）

東京に出店しよう。花の東京に打って出よう。

次なる夢は、東京進出。

私の頭の中で、夢の輪郭がクリアになった。

十月の店長会議でその夢を語った。

「皆さん、よく聞いてください。私たちは東京に出店します！」

店長たちがあっ、という顔をした。

誰もが自分たちの会社が東京に進出するなんてありえないと思っていた。少し前まで大赤字を出していた会社が、見知らぬ土地で飲食店を営むなんて。

当時はまだ、親会社のＪＲ九州そのものが鉄道事業を売り上げの大半を稼ぐメインの事業と位置づけ、九州の地にどっぷりと浸かって、自分たちの線路が走っていないよその地域に出ようとはしていなかった。

それなのに子会社が勝手に東京まで領域を広げていいのか。

店長たちは、私の話を冗談か法螺（ほら）と受けとめたようだ。店長だけではない。本社のスタッフも、外食産業大手のロイヤル出身で、ＪＲ九州フードサービスの営業本部長を務めていた（前著『鉄客商売』で〝銭形のとっつぁん〟として紹介した）手嶋繁輝さんを除いて、みんなそんな途方もないことが実現するとは思っていなかった。

私の決心はすでに固まっていた。しかし、その会議の中では、それ以上議論を深めることはあえてやめておいた。

大風呂敷を広げた翌日にはもう、手嶋さんと二人で出店候補地を探すべく、東京の物件情報の収集にとりかかっていた。

同年度の業績においては、秋以降も順調に利益を重ね、年度が終了した時点で三千万円の経常利益を確保した。前年度一億円の赤字だったものを三千万円の黒字に転換することができたのだ。

さあ、東京へ。

「外食王への道」第二幕は九州を飛び出し、東京へ向かう。

手間を惜しまずにやったことがヒット

水戸岡　唐池さんがいつも言う「手間をかける」という姿勢は、やはり外食事業に二度にわたって携わった経験が大きいんでしょうね。

唐池　焼き鳥やカレーを通じて、外食事業ならではの「手づくり」という概念を得たことはその後の仕事にも大いに役立ちました。やっぱり**手間を惜しまずにやったことがヒット**しますよ。

水戸岡　唐池さんの放った外食の大ヒットといえば、一九九六年にオープンしたキャナルシティ博多の「うまや」もそのひとつ。そのキャナルシティ博多は当時、九州の経済界をあっといわせた、現在の複合商業施設の走りだったわけですが、それを手掛けた「伝説のデベロッパー」藤賢一さんがじつに粘り強くしつこくお仕事をされる方で。

唐池　確かに水戸岡さんもいつも相当にしつこい（笑）。もっとも、そうでないとなかなつ星みたいなものはできませんけれど。

水戸岡　キャナルシティのオープニング前日深夜、藤さんは工事の人間たちに交じってタイルの張り替え工事をしていたんです。たまさか私はその現場に居合わせて、「何やってるんですか!?」と尋ねたら、「明日オープンなんだけど気に入らないから修正してる」って。

唐池　（爆笑）

水戸岡　「間違いがあれば、最後まで直す。金の問題じゃないんだ!」って。それを聞いたときに「あぁ、正しいな」と思ってしまった。だから私も今は**列車が走る瞬間まで、もしくは走り出しても間違ったことがあれ**

ば変えたほうがいいと考えています。

唐池　藤さんは、若かりし水戸岡さんを発掘した人でもありますから、仕事に対する思想がよく似ていらっしゃる。そういう水戸岡さんだから、いくらネーミングにNGを出されても、私も尊敬の念をもって、何度でも出し直しをすることができるわけです（笑）。

水戸岡　そういう唐池さんも、図面をほぼ引き終わった段階で「やっぱりこっちに変更しよう」と有無をいわさず言い出すことがありましたよね。ななつ星で、厨房の部分を塞いだものだかどうだか、換気の問題もあって密かに悩ましく思っていたら、唐池さんは目ざとくそこを突いてきた。ある意味、正解のツッコミだったけれど、あれはちょっとキツかったなぁ。

唐池　水戸岡さん、僕に思いっきり怒ってましたもんね。ななつ星製作の裏側をレポートするテレビ番組のカメラが回っているのに「今から、できるわけないじゃないですか！」って。結果的にはやっていただいたんですけど（笑）。

水戸岡　ギリギリまで粘れば、やれないことはないとわかっている。唐池さんはこう見えて、デザイナーにも勝るような繊細な感性をもっている。だから、**「手間をかけろ」の号令がじつにリアルなレベル**でなされるんですよ。これは訓練されたリーダーの資質のひとつだと思います。

学んだこと

手間を惜しまずやりたくなる夢を、リーダーは描くこと

「外食王」への道　第二幕②

上・京・物・語

- 1977年（昭和52年）　国鉄に入社
- 1987年（昭和62年）　JR九州に「入社」
- 丸井で研修
- 1988年（昭和63年）　SL「あそBOY」デビュー
- 1989年（平成元年）　特急「ゆふいんの森」デビュー
- 船舶事業の準備をスタート
- 1991年（平成3年）　「ビートル」国際航路開設
- 1993年（平成5年）　外食事業に着手
- 1996年（平成8年）　外食の新会社を創設
- 2000年（平成12年）　外食会社の社長に復帰
- 2002年（平成14年）　 東京・赤坂にレストランオープン

［上・京・物・語］

＊ＪＲ九州フードサービスの社長に復帰した後、わずか8カ月で再びの黒字化に成功。唐池恒二は同社のトップとして「次なる夢」に東京進出を設定する。東京にひらくレストランの責任者に抜擢したのは、当時博多駅駅長室横にあった「パパトーマス」の若き副支配人だった。

２００３年（平成15年）　「南九州観光調査開発委員会」を発足
　「サービスランキング」を実施
　社の信条に「４Ｓ（後に５Ｓ）」を加える

２００４年（平成16年）　九州新幹線部分開業を指揮

２００６年（平成18年）　会社初のＭ＆Ａ交渉を担当

２００９年（平成21年）　ＪＲ九州の社長に就任

２０１０年（平成22年）　農業に参入

２０１１年（平成23年）　「ＪＲ博多シティ」オープン
　九州新幹線全線開業

２０１２年（平成24年）　「うちのたまご」発売

２０１３年（平成25年）　「ななつ星 in 九州」運行開始

２０１４年（平成26年）　ＪＲ九州の会長に就任

２０１６年（平成28年）　「駅から三百歩横丁」を博多にひらく
　株式上場を果たす

２０１７年（平成29年）　ＪＲ発足30周年を迎える

上京を志すに至った逆転劇

お荷物事業部だった外食事業部。

それが黒字転換し、晴れてＪＲ九州フードサービス株式会社として子会社化を果たしたのが一九九六年のこと。このころの手帳を見ると、我ながらよく働いていたものだと思う。

創業後一年間社長を務め、経営企画部長として本社に帰任。そして、二〇〇〇年六月五日に三年ぶりにＪＲ九州フードサービスに復帰した当時の手帳で赴任一週間後を見ると、**「メーカーに戻ること」**と記されている。

本章のタイトルにもある「上京」を志した中でも大事なポイントなので、私が思う外食業の基本についてもう一度記しておく。

つねづね**外食業はメーカー**だという自負をもって仕事をしてきた。仕入れた原材料を店で加工（調理）して付加価値の高い製品（料理）をつくり出す。まさにメーカーそのものだ。**外食業はものづくりの仕事**なのだ。

当社が営んでいた鹿児島の「印度屋」のカレーソースは、十数種類の香料を店長自ら調合し、鉄板で炒めてつくり上げた。川内の焼き鳥屋「驛亭」は、焼き鳥の肉をすべて店でカットし、店の従業員総出で串刺しをおこなった。新会社の創業から一年間はそういった**「手づくり」**を徹底していた。当然、両店ともその「手づくり」の料理がお客さまから高い評価をいただいた。

三年後。本社から三代目の社長として戻って赴任するやいなや、惨憺たる状況に愕然とさせられた。私が同社を離れている間に、「手づくり」を次々とやめ、レトルトや冷凍といった半製品を仕入れ、店でほとんど手を加えずにお客さまに料理として提供しているではないか。

鹿児島地区の店舗視察から本社に戻り、すぐに本社の部長たちに指示を出した。

「外食業の原点は、ものづくりにある。私たちJR九州フードサービス株式会社は、今からただちにメーカーに戻る」

一カ月ほどでカレーソースと焼き鳥は「手づくり」に戻した。

年度一億円の赤字は、一気に三千万円の黒字に転換した。

ここまでが前の章で記したことである。

手帳にはほかに、当時矢継ぎ早に出した指示と、試食の予定が連日書き留められている。

「うどん店のごぼう天は店で揚げる」

「ラーメン店の餃子を店の手づくりに」

「ラーメンの麺を自社で製造」
「うどんの試食」
「カレーの試食」
「ラーメンの試食」
（よく食べたなあ）

外食業の原点に戻ろうとすると、やたらに試食が増える。

原点に戻り、会社が豊かになろうとするとき、私の体が先行してどんどん肥えていった。

二〇〇〇年十月十九日、手帳には「店長会議で手応え」とある。

社長復帰から四カ月経ち、会社や店に気が満ちてきたのを実感していた。多くの店がものづくりの原点に立ち返り、料理を自らつくるという空気も社内に充満してきた。業績のほうも急回復を示し、年度の黒字化の手ごたえを感じていた。

十月の店長会議で、店長たちに柔らかく檄を飛ばした。

「みなさんの頑張りのおかげで、この四カ月当社の業績の改善が進んできました。今年度の黒字化もおぼろげながら見えてきました。これから下期に向けて気を緩めず、この勢いで突っ走りましょう」

そんな柔らかめの檄の後、**「うまや」の東京進出**をぶち上げた。

「うまや」とは、ＪＲ九州フードサービス発足の一九九六年、初の駅外店舗として福岡市に出店した私たちのレストランブランドである。

「駅」の旧字「驛」を訓読みすると「うまや」。古代中国の駅伝制度に着想を得たネーミングだ。私にとっては渾身の力を込めた会心のネーミング、もとい事業となった。

博多駅駅長室横のレストラン改革

さらに手帳をめくる。

年が明けた二〇〇一年一月二十二日と二十三日、「うまや」東京進出に向けて物件を探すために東京出張。このとき、ある高名な人物が若いころに居住した東京・赤坂の屋敷の土地を出店地と決めた。この詳しい顚末(てんまつ)は次の章「最高の大家さん」に譲ることにする。

その一週間後、ベトナムへ飛んでいる。

「パパトーマス」の店舗改革を睨んでのことだった。当時、ＪＲ九州フードサービスの最も大きな店舗がこの「パパトーマス」という、当時の博多駅駅長室の横にあった面積が二百坪、席数が二百席の大型レストランだった。

一九九二年にオープンした「パパトーマス」は、博多駅のど真ん中という好立地もあり、連日多くのお客さまに恵まれていた。売り上げも同社の約五十店舗中で断トツの一位で、年商三億円を優に超え、利益率も外食業界の基準でいえば、十分合格点という店舗だった。

しかし、博多駅内という好立地と、社が誇る最大店舗という立場を考えると、少々というかかなり物足りないものを私は感じていた。

「パパトーマス」の大改革こそ、会社にとって最重要の課題。そう位置づけた。

店の雰囲気やメニュー構成は、カフェやファミリーレストランのそれだった。「ロイヤルホスト」や「すかいらーく」といった大手のファミリーレストラン・チェーンも低迷傾向に入りつつある時期だった。

一方、博多駅を利用される人の多くは、福岡市内に勤めるサラリーマンやＯＬだ。博多駅界隈の居酒屋やレストランは、彼らが仕事仲間と飲食を目的に（特に〝飲〟のために）夕方立ち寄るのに格好の立地となっている。ところが「パパトーマス」はファミリーレストラン然としている。ちょっと刺激というかスパイスが足りない。健康的なファミリーレストランというのは、お酒を飲むにはちょっと落ち着かないところがある。

家族向けのファミリーレストランからサラリーマン向けのビアレストランへの転換にとりかかった。コンセプトはオリエンタル&エスニック。特に、当時旅行業界でブームとなっていたベトナムをメインとした東南アジアのイメージを前面に打ち出すことにした。

メニューからお子様ランチをはずし、ビールやワインに合いそうな料理をずらっと並べた。

ユニフォームも、オレンジの縞模様のエプロンと紺のスカートという「いかにもファミレス」というものから、現地ベトナムのアオザイを取り入れ、ハーフパンツ姿のおしゃれな感覚のものに替えることとした。

店の内装についても一新した。どこにでもありそうな郊外型のファミリーレストランの雰囲気から、お酒を美味しく感じられるような雰囲気とデザインへと、模様替えをおこなった。

本気だから改革も楽しくおこなう

手帳の二〇〇一年一月三〇日から二月二日にかけてのところには、「ベトナム出張」と記されている。これは、支配人の山本敬三さんと副支配人の丸山直樹さんと私の三人で、ベトナムへの備品買い付け旅行を実施したもの。

ホーチミンに到着してすぐに市中を巡り、三人で当時のベトナムを体感することにした。九〇年代半ば以降の経済成長に沸くホーチミンの喧騒の中で、改革後の「パパトーマス」のイメージが頭の中で膨らんでくる。

初日はまず、レストランで料理を勉強することにした。生春巻きに舌鼓を打ちながら、現地の代表的なビール「333ビール」を流し込む。ベトナムにも四季はあるが、冬季に当たる一、二月でも蒸し暑いホーチミンでは、このあっさりとした味のビールがちょうどいい。生春巻きにもよく合う。女性従業員たちのカラフルでかわいらしいアオザイ姿にも、なんだかとってもよく合っている気がする。

「『333』はバー・バー・バーと呼びます。バー・バー・バー・ビールを『パパトーマス』にも置きましょうよ」

丸山さんが、仕事でベトナムに来ていることを思い出させてくれた。

パソコン好きの山本支配人が、インターネットで調べたのか、雑学を披露した。

「日本人はバー・バー・バーと読みたがるが、現地ではバー・バーと二回でいいらしい」

翌日から、店で使う備品の買い付けのためにいくつかの市場を歩きまわった。

アオザイのユニフォーム百着。そして、新しいメニュー用の皿にベトナム伝統のバッチャン焼やソンベー焼を何十枚と買い付ける。器が重すぎて、帰りのホーチミン・タンソンニャット空港で重量オーバーの超過料金を支払う羽目になったが、いちばんチャーミングな笑顔のできる丸山さんから窓口担当の女性に交渉してもらい、値引きに成功。アオザイも器も、同様のものを日本で仕入れると十倍近い値段になる。**楽しくも、きっちり元を取った買い付け出張**となった。

手帳の二月二十七日のところには、「『パパトーマス』リニューアルオープン」とある。

リニューアルオープンの初日からほとんど毎日、山本支配人が入り口の横で生春巻きの手づくり実演をおこなった。店の前を行く人々が興味深そうにそのパフォーマンスをのぞき込む。山本支配人は、もともとすらりとして浅黒い顔だち。ベトナム出張でも現地の人に紛れてよく間違われていた山本支配人が、そのときは**本気でもうベトナム人そのものになり切っていた**。実演を見ている人々から声をかけられても、首を横に振るだけ。それは、「日本語がわからない」という演技だった。味をしめたのか、その後にはベトナム風の名前の「グエン」と書かれた名札まで付けた。

（当社とそのグループ会社には、ときどきこういう社員が現れる）

このように、**お客さまより先に私たちが楽しんでいる**有様だったが、集客効果はてきめん。多くのお客さまが興味深そうな表情のまま、店の中へと吸い込まれていった。

店のクルーたちがアオザイスタイルの新しいユニフォームの着用をはじめてから一週間ほど経ったころ。クルーを統括する丸山副支配人が嬉しい悲鳴を上げた。

「社長、凄いんです！　『パパトーマス』のアルバイトに申し込みが殺到しています」

若者たち、特に若い女性たちがアルバイト先を選ぶときに、ユニフォームが大きな決め手になることをこのとき私たちは学んだ。

めでたく、「パパトーマス」の内装もメニューもユニフォームもオリエンタル＆エスニック風のビアレストランにリニューアルしたことで、店にやってくるお客さまだけでなく、アルバイト希望者も激増した。

「パパトーマス」の売り上げは急伸し、会社全体の収支改善効果も目をみはるほどの結果となった。「パパトーマス」の業態転換は大成功を収めた。

狙い通りだった。この店の収支改善が、ＪＲ九州フードサービス株式会社の黒字化に大きく貢献したことは間違いない。

そんな「パパトーマス」は、人材の宝庫でもあった。

外部から引き抜いたり、アルバイトから社員に登用したりとそのキャリアは多彩だったが、いずれも優秀でガッツがあって頼もしい人たちだった。とりわけ山本さんと丸山さんは人一倍向上心に溢れていた。ちなみに二人とも、現在に至るまで同社で大活躍している。

山本支配人は当時三十代後半で、ＪＲ九州の外食事業部時代に同業他社から「これは」と引き抜いた人材。経験も豊富で、「パパトーマス」では支配人兼料理長として活躍していた。丸山さんは当時二十代後半。私がＪＲ九州フードサービス初代社長時代に、「パパトーマス」で働くアルバイトから正社員に最初に採用した。アルバイト時代から接客サービスやクルーたちの教育訓練において傑出した力を発揮し、「パパトーマス」の副支配人となっていた。

先にも記したように、ベトナムに買い付け旅行に行く一週間前、私は東京・赤坂で最高の物件を見つけていた。「うまや」東京進出に当たっての店舗としての物件である。その後、〝最高の大家さん〟（次章に詳述）と賃貸借契約を結び、オープンを翌二〇〇二年の二月二日、午後二時と決めた。

開業を約四カ月後に控えた十月、いよいよ開業準備のために、東京へスタッフを送り込むタイミングを迎えた。

はじめての九州外での店舗開業。それも日本最大の外食市場であり、競争が最も激しいエリアである東京に殴り込みをかけることになる。同社にとっても、ＪＲ九州グループにとっても厳しい試練のときを迎えることになる。

そして、私にとっても最大の正念場だった。

店づくりについては、〝最高の大家さん〟が力を貸してくれることになった。

料理とサービス。

この二つの成否は、**ひとえに「ヒト」にかかっている。**

誰が店長をやるのか。誰が料理長になるのか。どういうクルーを採用するのか。クルーにどんな教育を施すのか。

直前まで悩み、シャ乱Qで送った

二〇〇一年十月十八日の店長会議。

九州中から集まったJR九州フードサービスが営む店舗の店長たちや密かに声をかけていた有望な若手社員たちに向かい、こう募った。

「東京に行きたい人、手を挙げてください」

ほとんどの店長たちは互いに顔を見合わせつつ、もじもじと尻込みしている様子である一方、比較的若い店長たち五、六名がすぐに手を挙げた。最大店舗「パパトーマス」の支配人、山本敬三さんは一番元気よく手を挙げた。店長以外に手を挙げる者も三、四名いた。

店長会議には、丸山さんも出席していた。丸山さんも、自分の上司である山本支配人がまっすぐと勢いよく腕を伸ばしている姿を見ながら、遠慮気味に手を挙げた。後で聞くと「もっと元気よく手を挙げたかった」が、山本支配人が真剣に東京に行きたそうだったので、自分は控えめにしておいた、ということだった。

会議翌日の夜、九時が過ぎたころ、夜の営業のピークを越えるその時間帯に「パパトーマス」に立ち寄った。「パパトーマス」改革の立役者である山本支配人と丸山副支配人を激励したいと思ったからだ。

それともうひとつ、前日の店長会議で店長たちに問いかけたこと、つまり東京に行かせる社員の選考を急いでいたこともあった。

前日に東京に行きたいと手を挙げた山本支配人と丸山副支配人の真意を知りたかったのだ。

店を訪れたとき、たまたま山本支配人は不在だった。

（……）

入り口に立っている丸山副支配人に目配せをした。

「ちょっと、いいかな」

店の奥の席に連れていき、空いているテーブルで向かい合った。

「東京、君で決めたから」

ごく日常的なことを語るように、わざとあっさりと告げた。

「えええっ！」

丸山副支配人の声に、まわりのお客さまが一斉にこちらを振り向いた。

「パパトーマス」の改革が緒に就いたばかりの時期に、店の顔でもあった山本さんは外せない。丸山さんも「パパトーマス」にはなくてはならない人間だが、東京にはエースを投入しなければいけない。直前まで悩んだあげく、東京には丸山さんに行ってもらうことを決断した。

店長会議から一カ月経った十一月十六日の手帳には、「丸山、東京在勤発令」と大きな文字で書かれている。

丸山さんのほかに、同日付で手嶋繁輝営業本部長も東京在勤とした。その一カ月後には、JR九州フードサービスで「最高の料理人」と誰もが認める國﨑民男さんをはじめ五名の**精鋭部隊をさらに九州から東京へ送り込むこととした**。この七人の侍がきっとやってくれるだろう。

翌日には二人が東京に出発するという晩秋の夜、この先遣隊の壮行と激励を兼ねた会が「パパトーマス」で開催された。本社の若手スタッフが企画して二十数名が集まり、東京へ向かう手嶋さんと丸山さんが主役として広い店舗の上座に招かれた。

会がはじまったころはまだ、和気あいあいと、思い出話や楽しい話題で盛り上がっていたが終盤、二人が出発の挨拶をしたあたりからなんだか神妙なムードになってきた。

まるで、戦場へ向かう出征兵士を送る壮行会のような雰囲気というか。二人の挨拶はともにシンプルな内容で「頑張ります」といったものだったが、顔つきに尋常でない緊張感が溢れていた。言外に「オレの骨ば拾うてくれ」と言わんばかりの、どこか鬼気迫るものすらあった。後で聞くと、上京後に控えていた人材募集から店づくりまで、山積みになったミッションを前に頭も心もいっぱいになっていたとのこと。

二人の緊迫感につられるように、集まったメンバーもだんだん口数が少なくなっている。でも、落ち込んだり、気持ちが沈んだり、ということではもちろんない。全員の身体の中から闘志が湧き上がってきている、そんな空気感だ。そう、「気」が満ち溢れていた。

そんな会の〆は、なんと万歳三唱。

（なんと古典的な会社だわい！）

一次会の後、手嶋さんと丸山さんを誘い、なんだか飲み足りないような面々も連れ、中洲の小さなスナックに入った。雰囲気は、一次会の後半の張り詰めたムードを引きずっていたが、しばらくして誰かがマイクを握った。

私も歌った。デビューからさっぱり売れず、シャ乱Qが勝負を懸けたというエピソードで知られる歌を、こぶしを振り上げながら懸命に激励したい気持ちを込めて、私なりに熱唱した。

「上・京・物・語」

恋人と離れ離れになっても、夢を叶えるために地方から上京していく若者の姿が目に浮かぶような歌詞。シャ乱Qのメンバーは、いずれも私と同じく大阪出身。そして、彼らが夢を抱いて東京へ出たエピソードと、JR九州フードサービスの東京進出とが、ダブった。

＊　＊　＊

ラン　ラララララン　ランラン
そんなメロディーを
涙声のまま　歌う君は
ああ聞こえているのに　聞こえないように
消そうとしてるの　「さよなら」
「東京」へ向かう　ぼくを見送る
君の言葉はない
（中略）
Ｓｏ　いつの日か　「東京」で夢叶え

ぼくは君のことを迎えにゆく
Ｓｏ　離れない　離さない　今度こそ
どこまでもついて来いと　言えるだろう　心から

＊　＊　＊

突然、歌の途中で、丸山さんが泣きだした。アルバイトから社員に登用され、重要店舗「パトーマス」の改革を果たし、そして東京へ向かう丸山さん。つられてそこにいたメンバーがみんな泣いた。私も、目に熱いものが溜まってきた。これは、時季はずれの花粉症か。

違った……。

こういうとき、本気で何かをやろうという人の心を、音楽は揺さぶる。罪なヤツだ。

今でもしばしば、このときの話になる。「上・京・物・語」を聴くと、皆とこの曲を泣きながら歌ったあの光景が目に浮かんでくる。小さなカラオケスナックの、小さな誓いの合唱だったが、やがて私たちは東京で大きな夢をかなえることになる。

このとき東京へ出た「うまや」は、二〇一七年八月現在、東京で九店舗、九州各地で十店舗、海外では中国・上海にて四店舗で、皆さまからご愛顧をいただいている。

文字までおいしそうに

水戸岡　「パパトーマス」の改革は、私は関わっていないんだけど、博多駅の一角で皆さんが楽しそうに店を変えていく様を羨ましく眺めていました。

唐池　ＪＲ九州フードサービスという会社そのものの黒字化が懸かっていたのですが、なんだか楽しんで乗り切ってしまった。黒字化が叶ったから、今度は「東京進出」という**次の夢の仕込み**にすぐに入ったわけです。

水戸岡　まさに「気」を生み出して、たくさんの人を巻き込んでいく様はいつも見事ですよね。

唐池　「次の夢を」というと綺麗な響きですが、「東京進出」のときの丸山さんは相当な覚悟で臨んでいるんですよ。彼がその後も手間を惜しまず数々の新規プロジェクトに関わり、ＪＲ九州フードサービスを国内八十一店舗、海外四店舗を営む企業に発展させ、同社の重職に就いたことを考えると、あのとき夢を描いてよかったと思いますよ。外食大手のロイヤル出身の手嶋先輩にもかなり鍛えられたようですけどね（笑）。

水戸岡　「東京進出」といえば、かの馬（ま）へれんさんの存在も大きかったのでは。

唐池　馬へれんさんには、食にまつわる多くのことを学びました。馬さんは、一九六五年に「食を通して中国の文化を日本に」との思いで東京・三田に本格的な中国料理店「華都飯店（しゃとーはんてん）」を開いた馬遅伯昌（まちはくしょう）さんの娘。中国料理研究家として国際的にも名高い、今は六本木に移った同店のオーナーでもあります。

水戸岡　私もＪＲ博多シティにつくられた「華都飯店」のデザインのお手伝いをしましたが、へれんさんは唐池さんにもまして（笑）、確固たるものをおもちの方でした。

唐池　へれんさんには、東京出店のときたくさんの貴重な助言と指導をいただきましたが、実は「ななつ星」

の料理やサービスについてもへれんさんからかなりのことを教わったんですよ。私にとって、外食事業でも「ななつ星」でも、へれんさんが〝先生〟なんです。

水戸岡　そういう〝先生〟にも恵まれた唐池さんのリクエストには、夢レベルからディテールに至るまでいろんなパターンがあります。私などはそれにうなずいたり驚いたり、「わっ、すげえ！」ってひっくり返ったり。**私のような専門職の人間はそういう明確な要求がないと、技や知識の出しどころがないもの**なんです。

唐池　馬さんみたいな家系に生まれたわけでもないのに（笑）、私はなぜだか食べ物屋一軒を出すにあたって、並々ならぬ思いというものが湧いてくるんですね。集約するならば、**何もかもがおいしそうでないと気が済まない**。だから、「パパトーマス」にしても「うまや」にしても、美男美女というよりは愛嬌のある人を採用しました。松下幸之助さんも松下政経塾の一期生を選ぶときには同じようなことを言っていましたね。

水戸岡　「うまや」で**メニューの文字もおいしそうな書体にしてくれ**、と言われたときにはギョッとしましたよ。経営者がここまで言及するのかと。

学んだこと
夢の実現後、すぐに次の夢を描くことが人を育てる

「外食王」への道　第二幕③

最高の大家さん

1977年（昭和52年）	国鉄に入社
1987年（昭和62年）	JR九州に「入社」
	丸井で研修
1988年（昭和63年）	SL「あそBOY」デビュー
1989年（平成元年）	特急「ゆふいんの森」デビュー
	船舶事業の準備をスタート
1991年（平成3年）	「ビートル」国際航路開設
1993年（平成5年）	外食事業に着手
1996年（平成8年）	外食の新会社を創設
2000年（平成12年）	外食会社の社長に復帰
2002年（平成14年）	**東京・赤坂にレストランオープン**

［最高の大家さん］

2003年（平成15年）　「南九州観光調査開発委員会」を発足

「サービスランキング」を実施

社の信条に「4S（後に5S）」を加える

2004年（平成16年）　九州新幹線部分開業を指揮

2006年（平成18年）　会社初のM&A交渉を担当

2009年（平成21年）　JR九州の社長に就任

2010年（平成22年）　農業に参入

2011年（平成23年）　「JR博多シティ」オープン

九州新幹線全線開業

2012年（平成24年）　「うちのたまご」発売

2013年（平成25年）　「ななつ星 in 九州」運行開始

2014年（平成26年）　JR九州の会長に就任

2016年（平成28年）　「駅から三百歩横丁」を博多にひらく

株式上場を果たす

2017年（平成29年）　JR発足30周年を迎える

＊JR九州フードサービスが誇るレストランブランド「うまや」がついに東京へ進出。探しに探し回った開店の地は東京・赤坂の一等地。土地の持ち主は、「スーパー歌舞伎」で名を馳せたスーパースターだった。

「気」を信じるスーパースター

新橋演舞場のその方の楽屋に伺った。

入り口で付き人の方に挨拶をして暖簾をくぐる。奥の部屋の正面の壁に掲げられている額を見て驚いた。

『氣』

楽屋にある鏡台の幅より二倍ほどの横長の額に収められた文字。アーティストの安藤岬さんが書かれたという筆致の力強さに圧倒された。

私も、以前から**「気」**というものを信じている。

「気」を呼び込む人は必ず勝利を手にする。「気」に満ち溢れた店は繁盛する。「気」を集める職場は元気になる。

「気」を『広辞苑』で引くとこのように記されている。

「天地間を満たし、宇宙を構成する基本と考えられるもの。（中略）万物が生ずる根元。（中略）生命の原動力となる勢い。活力の源（後略）」

ちなみに、この意味の「気」は「氣」と書くのが正しい。

若いころから、「気」を大事にしてきた。その大事にしてきたことが目の前に文字としてある。楽屋の主であるその方も同じ思いを抱いているに違いない。

ますますその歌舞伎役者さんを尊敬するようになった。

三代目市川猿之助さん。ご本名は、喜熨斗（きのし）政彦さん。

ご自身の「喜」の字と同じ音の「気」にひかれ、楽屋にこの書を飾ることによって、気合い、元気、勇気、やる気とたくさんの「気」を得たという。

私も「気」を信じてきました！　なんだか嬉しくなって、そう声をあげたい気持ちになった。

黒字の次に夢見た東京進出

「気」のほかに若いころから心がけてきたことが、もうひとつある。

（二つしかないのか！）

「有言実行」だ。

具体的にいうと、将来の夢を語り、語った夢の実現に向けて行動を起こすことだ。


先の章「レストランはメーカーである」でもふれたような次第で、ＪＲ九州フードサービスの初代社長を退いて一年くらい経ったころ。同社の若手女性社員から強い口調で責められたことがあった。

「いつになったら東京に出店してくれるのですか？」

「いやあ、済まない」と謝るしかなかった。


同社初代社長として一年あまり陣頭指揮を執っていた折、一九九六年度の終わりごろに、「ＦＳビジョン二〇〇一」というＪＲ九州フードサービスの中期経営計画を策定していた。じつはその中で、すでに**東京進出**を打ち出していたのだ。

東京進出を夢として語り、その夢をかなえるべく行動しようと決意した。社員たちにも約束をしていた。

いつかＪＲ九州フードサービスで再び仕事ができたら、東京進出という夢を実現させるよう本気で行動しなければいけない。

秘かに何度も、心の中で自分に言い聞かせていた。

すでにふれたように、三年間離れている間に、ＪＲ九州フードサービスの経営状況が悪化していた。年間一億円以上の赤字が三年も続いていた。その後、縁あって二〇〇〇年六月に再びフードサービスの社長に復帰した。まずは黒字にすること。これが最優先課題、かつ必達の目標であり、復帰後の一歩目の夢だった。

同社に復帰してすぐの七月の店長会議で、「今年度何がなんでも黒字にする」と宣言した。そうぶちあげてすぐに「それはさすがにどうだろう？」と自分でも思った高いハードルだったが、その年の九月が過ぎるころには風向きが変わった。毎年一億円超の赤字を三年連続計上していた同社を、年度内に黒字化できると確信がもてるところまで収支改善にこぎつけた。赤字会社にとって、何がなんでも実現させなければいけない夢は黒字にすることだ。その最小限の夢がかないそうなところまで来た。

だが一方で、**ひとつの夢がかなうということは、その夢が夢でなくなるということ。次なる夢を描かなければ組織は停滞**してしまう。夢があるから、組織や人は進むべき方向を見失わない。**方向が見えていると「気」が満ち溢れてくる**ようになる。逆に、夢がなくなると「気」も集まってこない。

再びの黒字化に続く、二歩目の夢は、もちろんとっくに決めていた。

フードサービスから離れている時期、若手女性社員から「嘘つき」と言わんばかりの厳しい視線を向けられたことを忘れていなかった。

「うまや」の東京進出。

「うまや」は当時、ＪＲ九州フードサービスが九州内だけで三店舗のみ展開していたブランドだったが、収益、認知度ともにＪＲ九州本社グループ全体でも、小さくない存在となっていた。

その「うまや」が東京に出たら本気で面白い。それこそ大きく夢が広がる。そう考えた。

ときに、物事の成功には**運命的な出会い**と**奇跡的な何か**が加わり、力を貸してくれることがままある。

私たちもそんな人と出会い、そんな奇跡を経験することとなった。

東京、赤坂、路地裏の野良猫

とにかく東京に「うまや」を出店する。

そこまで決めたはいいが、どこに出すかは未定であった。

東京の物件探しに着手したのが、二〇〇〇年十一月。

複数のルートを通じて、いくつかの東京の土地の当たりをつけはじめた。

年が明け、二〇〇一年一月に入ると、いよいよ物件探しのために三人が東京へ出張っていった。〝銭形のとっつぁん〟こと営業本部長の手嶋繁輝さん、歌手・俳優の福山雅治さん似だと錯覚していた企画課長の深田康弘さん（失礼！　後にJR九州長崎支社長となるも当時四十歳）、それに私の三人。

あらかじめ連絡してあった不動産業者の男性に案内され、丸二日間都内各地を精力的に見てまわった。

男性は、一見すると悪代官風でこわもての印象。しかし、二日間いっしょに行動し語り合っているうちに、実は誠実で温厚な人ということがわかってきた。

（私の印象的な仕事には、なぜだかこわもての人が付きものである）

初日、二日とあわせて十件ほどの土地を訪れ、候補地を三つに絞り込むところまできた。ただ、もうひとつしっくりこない。

日比谷、池袋、新宿の三つを候補地としながらも、どこか物足りないものを感じていた。

物件探し二日目の夕方、冬の日没は早く、空も暗くなっていた。

「最後の最後に、とっておきの物件を紹介しましょう」

このときも一瞬悪代官に見えた。悪代官が、疲れを吹き飛ばすかのような力強い足取りで、〝とっておきの〟場所に私たちを引っ張っていった。着いたのは、東京でも有数の繁華街、赤坂だった。

地下鉄の赤坂見附駅から一ツ木通りのほうに歩いて三分ほど行ったところ。赤坂不動尊の赤い鳥居の前を左に折れ、細い路地を二十メートルほど入る。

路地の左手には、一ツ木通りに面した飲食店裏の勝手口が見え、傍らでは木づくりの蓋付きの大きなゴミ箱の上で、懐かしい風情の野良猫が二匹戯れていた。

右側には、瀟洒な構えの料亭「にしきぎ」と小料理屋が並んでいた。

突き当りに、その木造の屋敷はあった。

立派な門構えと、大都会の真ん中であることを忘れてしまうとりどりの植栽、樹木繁れる庭。庭の奥には二階建ての家屋。門柱に掲げてある表札に「喜熨斗」とある。

「きのし、と読みます」

何と読むのかな、と頭をひねっていると悪代官が鬼の首でも取ったかのような顔で言った。

少々気に食わない。

しかし、その土地は大いに気に食った（こんな言い回しはないかな）。

ここだ、ここにしよう！

飲食店が密集する都心の赤坂に、こんな豊かな緑に囲まれている一画があったのか。近隣の眺めも風情がある。にぎやかな一ツ木通りから路地裏に入るのも隠れ家や奥座敷っぽくて面白い。何よりも野良猫がいい。

「ここ、いいですね」

即決だった。

「大家さんはどういう方ですか」

「びっくりしますよ」

「びっくりしませんから、教えてくださいよ」

「あの、スーパー歌舞伎の市川猿之助さんですよ」

びっくりした。

歌舞伎には縁遠い私でも、その名前は耳にしたことがある。三代目市川猿之助（現・二代目市川猿翁）さん。

昭和の終わりごろに、スーパー歌舞伎を創造し、低迷気味だった歌舞伎界にあってつねに大型劇場を満杯にするほどの名実ともに当代一の人気役者ということくらいは知っていた。

スーパー歌舞伎は、江戸時代の歌舞伎の演出手法であった宙乗り、早替わり、水芸といった〝けれん〟を猿之助さんが復活させ、さらに創意工夫を凝らして高度なエンターテインメントにまで高めたと評価されている。

悪代官が再び鬼の首を取りにかかった。

「市川猿之助さんの本姓は、喜熨斗（きのし）というのです」

今度は相槌も打ってやらなかった。心の中ではとても驚いていたが、努めて平静を装った。

（凄い！）

内心は、完全にミーハーのそれだった。

その後、大家さんと条件面の交渉を重ねて二〇〇一年四月、無事に賃貸借契約が締結となった。

大家さんは正真正銘のスーパースター、三代目市川猿之助さんだ。

契約締結後は、大家さんのいろいろな恩恵にあずかることとなった。猿之助さんに招かれ新橋演舞場のスーパー歌舞伎を鑑賞したり、楽屋にお邪魔したり、芝居がはねた後にいっしょに食事をしたりと、猿之助さんのすぐ傍（そば）で、それまで全く無縁だった伝統芸能の空気に包まれながら、忙しくも華やかな時間が過ぎていった。

時間を共にさせていただいていると、まったく別世界の方なのに、同じ事業を営んでいるような、そんな感覚の一致を覚えた。言葉を交わしているだけで大きな仕事を成し遂げたときと同じような激しい感動のようなものが私の身体を貫くことがあった。冒頭でも述べたように、猿之助さんも私も「気」を大切にしている。**「気」の力とか交わり**で、猿之助さんと繋がったのではないか。そんなことも思った。

時間を経て、何度目かの会食の折、猿之助さんからある提案があった。

「今度のお店づくりを手伝ってもいいですよ」

契約時に合意したのは、猿之助さんが若いころ居住していた、その赤坂見附の屋敷を取り壊し更地にしたうえで、概ね一年後に三階建ての建物をつくることだった。一階と二階を店舗として当社に賃貸し、三階は猿之助さん一門の澤瀉屋（おもだかや）の役者さんたちと、日本舞踊の紫派藤間流の稽古場にするという内容だ。

上の階に芝居や踊りの稽古場があるというだけでも、わくわくする。

そのうえ、店づくりまで猿之助さんが演出・監督までしてくれるというのだ。

ありがたい。

猿之助さんの提案には、一も二もなくただ頭を下げるだけだった。

猿之助さんとの出会いが、「うまや」の東京進出にとって、そしてその成功に向けて大きな力となった。ちなみに創業以来、「うまや」のメニューには「三代目市川猿之助の楽屋めし」なるものがあり、猿之助さんの好物をいろいろとお客さまにも楽しんでいただいている。

四月に契約を交わした後すぐに、猿之助さんが若いころに暮らしていた屋敷の解体工事に取りかかった。同時に新しい三階建ての建物の設計に入った。夏前には建築工事に着手し、その年、二〇〇一年の暮れには建物の全容が立ち上がってきた。

そのころ、猿之助さんから突然自身の〝人事に関する発表〟があった。

「私は、この『うまや』が開業した暁には、『うまや』の広報宣伝部長になります」

とうとう、猿之助さんは演出だけでなく広報宣伝部長まで担当されることになった。

(これは、とんでもない、凄い店ができるぞ！)

はたして、二カ月後の二〇〇二年二月二日にとんでもない店が誕生した。

当時の新聞にこんな記事が出た。

＊　＊　＊

歌舞伎俳優市川猿之助が演出した高級焼き鳥店「うまや赤坂店」が二月二日にオープンすることがわかった。

三階建てのビルの一、二階が同店舗。店舗面積は四三五㎡で、座席は一五〇席。母屋から庭園の見えるぬれ縁のテーブル席や土間と格子、桟敷のオープンキッチンなど凝りに凝った空間が、上質なひとときを盛り上げてくれる。

（中略）

猿之助さんは「『うまや』は、私の不遇時代に一番温かく迎えてくれたお店。福岡に行った時は、必ず寄らせていただいた。そのご縁で、今回赤坂のお店を手伝わせていただいた」と経緯を振り返り、店舗ビルの三階には稽古場も造った。

＊　＊　＊

二〇〇二年二月二日のオープニングには、澤瀉屋の役者さん方がきもの姿でずらりと登場。東京の「うまや」は実ににぎにぎしく、盛況の初日を迎えることとなった。

お客さまがその気になってこそ

水戸岡　東京・赤坂の「うまや」のときは僕はリリーフのデザイナーとして入ったんですよね。

唐池　猿之助さんの家という最高の物件に導かれたまではよかったんだけど、その仲介業者のツテで設計を頼んだ先がなかなかウマくいかなかったんですな。そこで私の永遠の〝天敵〟をやむを得ず呼んだ（笑）。

水戸岡　（苦笑）苦労するのはわかってるんだけど、結局面白いし、最高の結果や大ヒットに繋がったものもたまらなくよい記憶として残っているから、〝天敵〟呼ばわりされても私もノコノコ出ていって仕事を受けてしまうんですが。

唐池　赤坂の「うまや」は今見ても思いますが、あの**「未完成」で「不完全」な感じがたまりません**ね。不出来な設計の途中で、いつも非常にキッチリとした仕事をされる水戸岡さんに入っていただいて絶妙な具合の出来となった。

水戸岡　唐池さんは、ほんとうに不思議というか**ヘンな経営者**で、私が仕事をしていると「水戸岡さん！　ここはちょっと汚して」なんて言う。綺麗、完璧、出来すぎだと客商売にはダメだから少しトーンを落として、崩して、と。

唐池　外食産業でも鉄道事業でもそうですが、私たちは**芸術作品でなくて商品**をお客さまに差し出す立場。圧倒されるほど美しいのではなく、あっと飛び付きたくなるほどおいしそうでなくてはいけない。水戸岡さんの作るものでいい仕事はいつも、オープン二日前は零点、オープン前日は三〇点、オープン当日は七〇点、そしてお客さまが入って一〇〇点というパターン。で、お客さまが馴染んだら一二〇点。これ、ななつ星もまさにそうですよ。

水戸岡　ななつ星は、組子細工の格子戸や人間国宝・十四代酒井田柿右衛門さんの手掛けた洗面鉢といった建具や調度が使われているんですが、それらをお客さまが非常に大切に使ってくださっています。そういう想定以上のアシストがあるから、美しい経年変化があの列車では始まってもいる。

唐池　お客さまをそういう気持ちにさせているのは、まさに水戸岡さんのこだわりと全国の職人技に通じるネットワークの賜物でしょう。ときどき、こだわりが過ぎて、車両課はじめ当社の社員を困らせているようですが（笑）。

水戸岡　いえいえ。唐池さんのリクエストで描き直した某プロジェクトの図面の束の厚さを見た業界の関係者が「あり得ない！」とひっくり返っていましたから。

唐池　リクエストをしておきながらナンですが、ときどき「ほんとにこの仕事間に合うのかな」とヒヤヒヤすることもありましたな。でも、今まで全部なんとかなってきた（笑）。

水戸岡　唐池さんは自分だけでなく**周囲の人間も「有言実行」に巻き込んでしまう**。豪快に見えて繊細、社員の皆さんも「会長はほんとに気遣いのカタマリ」と言います。そのうえでの**夢の号令**ですから。私もそんな成功体験をまだまだ重ねたいと思っていますよ。

学んだこと

有言実行の誓いと言霊（ことだま）が夢をかなえる

「南九州観光調査開発委員会」のこと①

会議は走る

1977年（昭和52年）　国鉄に入社
1987年（昭和62年）　JR九州に「入社」
1988年（昭和63年）　丸井で研修
　SL「あそBOY」デビュー
1989年（平成元年）　特急「ゆふいんの森」デビュー
　船舶事業の準備をスタート
1991年（平成3年）　「ビートル」国際航路開設
1993年（平成5年）　外食事業に着手
1996年（平成8年）　外食の新会社を創設
2000年（平成12年）　外食会社の社長に復帰
2002年（平成14年）　東京・赤坂にレストランオープン
2003年（平成15年）　「南九州観光調査開発委員会」を発足

本章

［会議は走る］

＊九州新幹線の部分開業に伴い、南九州の観光活性化が急務だった2003年のJR九州。唐池恒二はマスコミ関係者や自治体幹部などからなる「南九州観光調査開発委員会」の発足と運営に事務局担当として奔走。同委員会は、過激な提案もスピード採決。新たな列車も超特急のスケジュールで続々と走り出すこととなった。

	「サービスランキング」を実施
	社の信条に「4S（後に5S）」を加える
2004年（平成16年）	九州新幹線部分開業を指揮
2006年（平成18年）	会社初のM&A交渉を担当
2009年（平成21年）	JR九州の社長に就任
2010年（平成22年）	農業に参入
2011年（平成23年）	「JR博多シティ」オープン
	九州新幹線全線開業
2012年（平成24年）	「うちのたまご」発売
2013年（平成25年）	「ななつ星 in 九州」運行開始
2014年（平成26年）	JR九州の会長に就任
2016年（平成28年）	「駅から三百歩横丁」を博多にひらく
	株式上場を果たす
2017年（平成29年）	JR発足30周年を迎える

切羽詰まった事情で漢字十二文字の会議

その会議は、いきなり情け容赦のない発言ではじまった。

「東京のＯＬで、九州へ旅行に行きたい人なんていませんよ」

二〇〇三年六月、ＪＲ九州の鉄道事業本部営業部長に就任。着任して三日後に、当時のＪＲ九州社長・石原進さんから社長室に呼び出された。

「来年三月に九州新幹線が部分開業する。その七年後には、全線開業。その一方で、九州の観光は今、停滞気味だ。新幹線の開業を機に九州、とりわけ南九州の観光を活性化しなければいけない」

そのための組織をつくる必要がある。ついては私に「検討してくれ」ということだった。

「部分開業」とは、二〇〇四年三月に九州新幹線の南半分、熊本県の八代市と鹿児島市の間の区間が先行開業することを意味していた。七年後の全線開業とは、二〇一一年に残りの北半分のルートも含めた全区間開通を意味する。

かつて観光王国といわれた九州は、高度成長期が終わると人気が急下降していった。由布院や黒川温泉といった一部の地域は独自のまちづくりに取り組み、気を吐いたが、その他の多くの地域では観光客の減少傾向は食い止めることができずにいた。

石原さんとしては、このまま手をこまねいていては、九州新幹線の開業がもたらす効果も一過性のものになってしまうのでは、という考えだった。

実際、交通機関の新路線や新開通に伴う活況が、一瞬のブームに終わってしまう例のなんと多いことか。

二〇〇三年の時点で、石原さんと私たちには、**本気でなんとかしなければならないという強い危機感**があった。だから「南九州の観光を盛り上げる組織をなんとかつくれ」という命が私に下ったのだった。

私は、すぐさま組織づくりに着手した。

組織は、社外の有識者を中心とした委員会のスタイルとしよう。

名付けて「南九州観光調査開発委員会」。

私のネーミングの中でも、漢字十二文字の最も堅くて長ったらしいものになった。これには

わけがあった。ひょっとしたら将来、国や自治体などから、組織の活動に対して補助金や助成金を支給してもらえるかもしれない。そうした機会が訪れたとき、委員会の名前がちゃらちゃらしたおかしなものだと、補助金を出そうとするお役所がびっくりしてしまう。それはよくな

い。

たとえば、「あんたも私も南九州であれやこれやどんちゃん騒ぎをしましょうねの会」という名の会ならお役所は絶対に予算を付けてはくれない。だから、無難かつ、お役所からも納得してもらえそうな名称にした。

結果からいうと、補助も助成も一切付かなかったが。

委員長は石原社長。国からも参画してもらおうと副委員長には、当時の九州運輸局企画振興部長にお願いした。事務局はJR九州営業部に置き、事務局長は営業部長である私が担う。

委員の人選にとりかかった。社外から官民問わず、九州の観光についてズバズバと意見を述べてくれそうな論客を選ぼう。九州在住の人に加えて、東京からも来てもらおう。

何はなくとも南九州の委員会なのだから、まず熊本、鹿児島、宮崎の三県の観光担当部長に委員を委嘱した。

次に、旅行会社からJTBの九州営業本部長に、航空会社からはJALとANAの九州の代表者にそれぞれ委員となってもらった。

市民代表として、九州市民大学という生涯学習を推進する組織の理事をされている神崎邦子さんと、福岡の老舗菓子店「石村萬盛堂」のオーナー夫人である石村一枝さんにも委員の就任を要請した。

ＪＲ九州のデザイン顧問の水戸岡鋭治さんも強引にメンバーに引っ張り込んだ。

東京から呼ぶメンバーについては、東京で書籍や広告の企画や編集の仕事をしているオフィス・ノベンタの代表、矢崎潤子さんから推薦してもらった。

矢崎さんは、東京・赤坂での「うまや」開店準備の際、大変お世話になった、東京派遣組にとっては母のような存在。また、メディア、広告、出版関係に幅広い人脈を持っており、東京での市場調査や販促活動においても大いに助けてくださった。

そんな矢崎さんからは、三人の〝旅の達人〟を紹介してもらった。

ひとりは、谷浩志さん。私と同い歳で、サントリーに入社し長く広報や宣伝の仕事を担当された。サントリーを退社した後、独立して旅と情報の会社を起業した。サントリーの先輩に当たる作家の開高健さんや山口瞳さんともかつて親交が深く、さらには作家の椎名誠さんが率いる、かの「あやしい探検隊」のメンバーでもあるという。

次に、島田始さん。一九七三年に平凡出版（現在のマガジンハウス）に入社。『ａｎ・ａｎ』の編集部員としてファッションと旅を主に担当、当時社会現象ともなったアンノン族の仕掛け人ともいわれる。後に雑誌『Ｈａｎａｋｏ』を創刊し、『Ｈａｎａｋｏ』ブームをつくった。常に新しい発想を心がけ、今も全国各地のまちづくりのアドバイザーとして活躍されている。

もうひとりは、斎藤由香さん。サントリー入社後広報部に長く在籍。その一方で、『週刊新潮』の連載コラム「窓際ＯＬ」シリーズの執筆で一躍人気作家となった。それもそのはず、祖父が歌人の斎藤茂吉さん、父が作家の北杜夫さんという文豪一家に育った人である。その後、健康食品事業部に移り、自称「マカ・キャンペーンガール」として、マカの飛躍的拡販に大きく貢献した。現在は、サントリーグループの広告制作会社で活躍中。

この個性豊かでちょっとヘンな（失礼！）東京組三人がメンバーになってくれたおかげで、南九州観光調査開発委員会はぐっと活発な組織となったように思う。

当時から全国各地でこの種の会合がいくつもあったと思うが、断トツに面白くて活動的な組織だったのでは。およそ三カ月に一度のペースで開催された会議は、このようなユニークで話し好きのメンバーたちのおかげで、進行役の私がことさら発言を促さずとも、常に**自由闊達な**、いささか自由すぎる、**たまに危険な議論**が飛び交う場となった。

四国のうどんにも負けていた！

忘れもしない二〇〇三年八月。南九州観光調査開発委員会の第一回委員会がＪＲ九州本社・会議室で開催された。

メンバー同士の初顔合わせにもかかわらず儀礼的な固い雰囲気などはまったくなし。進行役の私が一応お決まりの開会宣言をしたあと、委員長の石原社長が委員会の発足にあたっての、これも一応お決まりの挨拶をおこなった。ここまでは、平穏に過ぎた。

「では記念すべき一回目ということで、委員の皆さまから自己紹介も兼ね、九州の観光についてのご意見を、まずは一言ずついただきたいと思います。ぜひとも忌憚のないご意見をお願いします」

議事進行役の私としては極めて冷静にスタートを切った……つもりだった。

平穏無事、冷静な空気は文豪一家出身の「マカ・キャンペーンガール」斎藤由香さんの発言から一変した。

「私、ここに来る前に会社の同僚のＯＬ十人にアンケート調査をしてきました。この調査結果は、おそらく東京のＯＬたちの平均的な気持ちや行動パターンに近いと思います」

嫌な予感がしてきた。「忌憚のないご意見」というところを、「危険のないご意見」と言い換えたほうがよかったかなと後悔しはじめた。

「その十人は、この十年間でひとりも九州に旅行したことがありませんでした。また、これから九州に旅行したいと思っている人もひとりもいませんでした」

（やっぱり来た）

「彼女たちは、北海道や京都、沖縄なら年に一度は訪れるそうです。ハワイのお土産店の地図まで描けます。香港やバリ島の有名ホテルなら何度も訪れています。しかし、**九州のことはほとんど何も知りません**」

（そうか。やはり北海道や沖縄、さらには海外にはかなわないか）

「彼女たちの最近の関心事は、四国にうどんを食べに行くことです。雑誌の特集に載っていた四国うどんマップ的なページの切り抜きや小冊子をバッグに入れてうどんの食べ歩きを企んでいるのです」

（ええっ⁉　四国にも負けているのか）

斎藤さんは、さらにまくしたてる。

「私自身は、これまで何度か九州を訪ねています。各地のホテルや旅館にも宿泊しました。そこで感じたことをひとつ言います。九州のホテルや旅館のチェックアウト時間は早すぎます。九州の多くの宿泊施設には素晴らしい温泉があり、朝も温泉を楽しんでくださいと言われます。しかし、その割にはチェックアウトの時刻が十時というところばかり。これでは、せっかくの朝風呂も楽しめません。おそらく、旅館側の都合なんでしょうけど。今、日本各地の一流と呼ばれるホテルは、ほとんどチェックアウトは十一時か十二時となっています。九州は遅れていますよ！」

（……）

東京から来た委員はみんな、「そうだ」と言わんばかりに頷いている。九州在住の委員は、「へぇ～」とか「ほぉ～」とか、そんな顔をしている。

私は感心しながらも、委員の人選のやり直しの可能性という考えが頭をよぎっていた。しかしそれは少し考えただけで、そんな可能性はゼロだとすぐに結論を出した。仕方なく、いやいやきちんと斎藤さんの意見を尊重し、受け止めることとした。

次に、島田さんが手を挙げた。

「私は、九州ってとんでもなく魅力のあるところだと思います。九州は、温泉については質量ともにトップレベルで、文化面でも各地に歴史の舞台となったところがあり、**物語や伝説が豊富にある**」

（そうだ、そうだ）

「阿蘇や桜島といった**雄大な自然資源にも恵まれている**」

（そうだ、そうだ）

「九州には、もうひとつ凄いものがある。これは、九州の人たちはあまり気づいていないのだが、東京ではけっこう盛り上がっている。それは、**九州の至るところにパワースポットが存在するということです。**阿蘇、高千穂、鹿児島、吉野ヶ里遺跡、雲仙などなど、数え切れないくらいにあります」

（パワースポット。九州ってそんなに注目されているのか）

島田さん自身が、パワースポットのようにオーラを発散させているのを感じた。しかし、このパワースポットは、いささか饒舌で話が長い。

「あやしい探検隊」からやって来た谷さんの番だ。

「日本のどこでもそうだが、特に九州は国立公園や良質の温泉湧出地が複数の自治体にまたがっていたり、**県境付近に面白い観光資源**が見られる。観光行政は、県単位でおこなわれているから、県境のよさをアピールするのが十分でない。極端な例をいうと、熊本県でつくった地図には、隣の鹿児島県や宮崎県の部分が真っ白になっている。鹿児島県や宮崎県でつくられる地図もそうだ」

（へえ〜）

「霧島高原とひと口にいうが、ここは宮崎、熊本、鹿児島の三県にまたがっている。ここも**三県共同で観光開発に取り組む**べきだ。山口県と福岡県とに挟まれた関門海峡だって、両県が観光資源として共に取り組むほうがいい」

（それはまた大胆な！）

「冬季にシベリアなどから一万羽の鶴がやって来る鹿児島県の出水（いずみ）市は、温泉地として古くから名高い熊本県の水俣（みなまた）市と接している。この地域は、観光と宿泊を一体で考えればもっと面白くなりそうだ。宮崎県の高千穂は、神話の里として名高いが、宮崎市から行くよりは阿蘇から行ったほうが近い。阿蘇の大部分は熊本県だから、ここも県境を越えて観光客誘致に共同で取り組むほうが効果的だ」

　さすが、あやしい探検隊。意見もすこぶるあやしくも魅力的な光を放つ。

　一方、名指しされた熊本、宮崎、鹿児島の担当者たちは、いわゆる「前例のない」提案になんとも当惑した表情を浮かべている。

（各県の都合はともかく……面白い！）

　実際、各県合同の取り組みは今でもそう簡単なことではないはずだが、当社の働きかけで二〇一一年に**熊本・宮崎・鹿児島をひとまとめにしたキャンペーン**が実現した。

　ちなみにさかのぼって二〇〇五年に九州各県と当社を含む民間各社で創設した九州観光推進機構は現在、メディアに対し**二県以上にまたがったプロモーション**を推奨し、取材補助などもおこなっている。あやしい探検隊のあやしい提言はきちんと血肉となって活かされているのだ。

老舗の女将・石村さんと、我が社の東京の母・矢崎さん、そして神崎さんはほんとうはかなり手ごわい論客なのだが、第一回の会ではやや遠慮気味で淑女然と振る舞っていた。

三人はともに「この委員会が今後も楽しみです」と淑女然たる挨拶をされて、短めにメてみせた。

そして列車も走り出した

こんな調子でスタートした委員会は、回を重ねるごとに議論がますます活発になっていった。飛び出す意見もますます過激に。

開催場所も福岡に限定せず、霧島、人吉、宮崎、由布院と視察を兼ね、九州各地を〝転戦〟するスタイルとした。固定のメンバーに加え、開催地の地元の有識者にもどんどん委員会にゲスト参加を請うことにした。

当該の地元での観光やまちづくりの課題についてもテーマとして取り上げ、その結果**過激な**

意見を躊躇なく繰り出す委員たちと、地元のゲスト委員たちとの間で激論が展開されることも少なくなかった。

委員会の視点も、単なる観光のことから、地域のまちづくり全体へといつしか移っていった。

やがて、委員会の議論は会議室の中だけにとどまらず、あっという間に実際的、具体的かつ立体的なアクションへと繋がってゆくこととなった。

第二回委員会だっただろうか。初回では淑女然としていたはずの神崎さんが、いきなりこんな提案を投げかけた。

「JR九州の特急列車って、他の地域のJRと違って、とてもユニークで楽しい。デザインもおしゃれで、客室乗務員のサービスも嬉しい」

隣に座っている、我が社の特急列車を数多く手掛けるデザイナーの水戸岡さんにときどき視線をやりながら、話を続ける。

「そこで、せっかく毎回委員会で各地をまわっているのだから、**その地域にマッチした観光列車**をつくっていったら、きっとその地域のまちおこし、まちづくりにもプラスになると思います！」

（ありゃりゃ！）

そう思ったのも束の間、この意見が委員会の全会一致で採用となった。

(ひとつの列車をつくるのに相当な時間と資金が要るのに!)

事務局、すなわち私は困惑の極みにあった。

多額の予算、長大なスケジュールを要する提案が、目の前を通過しようとしている。

横で、石原委員長が私の気持ちを察してくれたのか、真剣な面持ちで全会一致に対する見解を述べようとしてくれている。

なにしろ石原さんは我が社の社長なのだ。

「やりましょう!」

(!?)

開いた口がふさがらないまま、ひとり頭が真っ白になっている私だった。


しかし、我が社が偉いのか、石原さんがやはりエラいのか。

委員会発足から正味八カ月足らずで、鹿児島中央~吉松に特急「はやとの風」が、吉松~人吉に「いさぶろう・しんぺい」が、人吉~熊本~大分に「九州横断特急」などなど続々と運行を開始した(※運行ルートはいずれも当時のもの)。運輸部長が大汗をかいてスジ(運行ダイヤ)を引き、水戸岡鋭治さんが寝る間も惜しんで線(デザイン画)を引き、文字通り信じられないスピードで列車は走り出した。

いずれの列車も、現在も我が社が誇るD&S（デザイン&ストーリー）列車として、国内外の皆様からご愛顧をいただいている。

ただし、運行開始の以前に同委員会で悲喜こもごものストーリーがあったことは、私どものみが知るところとなっている。

気づき発―即断経由―アクション行

水戸岡　この委員会が発足してすぐに皆さんと、熊本・八代から鹿児島・隼人に至る肥薩線の視察をしました。皆さんが「こんなにいい駅があるなんて」と感動していた様子がとても印象的で。

唐池　委員の皆さんからまずお墨付きをもらって、南九州はきちんと観光開発に取り組むべき地域だと最初に位置づけることができた。そして、会議の冒頭から**「九州は遅れてます！」**と問題点も突きつけられた。最初が肝心、肝心。

水戸岡　委員会の陣容は、多くが唐池さんのコネクションに由来するメンバーだったわけですが、今思えばよくあれほど活発な議論が生まれる面々が揃ったなと思います。

唐池　なんとなく選んだメンバー……いやいや、私の長年の経験とカンが生きたわけですが（笑）、まず、九州の内側だけで構成したメンバーなら、あれほど活発に南九州への賞賛・批判・アイデア・提案が飛び交う会にはきっとならなかった。本当に「あんたも私も南九州であれやこれやどんちゃん騒ぎをしましょうねの会」で終わったかもしれません。そして、オリジナルメンバーがまさに**気づきの天才**揃いでしたね。水戸岡さんや私と同じで、ヘンなところに視点が及ぶ。

水戸岡　あの会議はいわゆる**大学のセンセイを入れなかったことも、よかった**。センセイ方は、そういう会議を自分の研究の場にしちゃう。だからいくらでも的外れで無責任なことをいう。

唐池　当時の委員会張りに過激な意見ですな（苦笑）。

水戸岡　一方で、いわゆるコンサルタント会社みたいなところが話だけしてお金は持っていくんだけど結局形にならない事例を山ほど見てきた。そんな嘆きもよく聞かれました。だから、この委員会では、**提案もするけれど具体的なアクションも必ず起こす！**という気合も最初から凄かった。

唐池　会議で話し合われたことを速攻で整理してまとめて、具体的に**いつまでにどんなアクションをやるのか**、ということまで記して数日中にはメディアにプレスリリースとして送っていました。そのリリースを書いていたのは私だったんですが、書いたがために自分たちの首を絞めるようなスケジュールに追われる羽目にもなりましたね。

水戸岡　自分でもよくぞああいうスケジュールで、数々のD＆S列車をデザインできたものだと思います。しかし当時のトップであった石原社長と、未来のトップとなる唐池さんが「やりましょう！」というからやらざるを得ない。いつも私は言いますが、**トップの決断というのは本当に尊い**。私のようなデザイナーはそう言われたら、時間などなくとも、アイデアを〝見える化〟してしまう。

唐池　そんなこと言うと、いろんなトップからまた仕事が来てしまいますよ。今でさえ、大変な忙しさなのに（笑）。

水戸岡　大丈夫です。すぐに決断できる、また実行まで持っていけるトップはそれほど多くいませんから。

学んだこと
何ごとも最初が肝心、スピードも肝心

「南九州観光調査開発委員会」のこと②

なんとなくカッコではダメなのだ

1977年（昭和52年）　国鉄に入社
1987年（昭和62年）　JR九州に「入社」
1988年（昭和63年）　丸井で研修
1989年（平成元年）　SL「あそBOY」デビュー
　　　　　　　　　　特急「ゆふいんの森」デビュー
　　　　　　　　　　船舶事業の準備をスタート
1991年（平成3年）　「ビートル」国際航路開設
1993年（平成5年）　外食事業に着手
1996年（平成8年）　外食の新会社を創設
2000年（平成12年）　外食会社の社長に復帰
2002年（平成14年）　東京・赤坂にレストランオープン
2003年（平成15年）　**「南九州観光調査開発委員会」を発足**

本章

［なんとなくカツオではダメなのだ］

＊ケンカ寸前の会議はなぜだか（?）いつも妙案、意義ある提案の連続。「駅のトイレを清潔に」という女性ならではの提案に始まり、古びたローカル路線のローコストにしてハイブローな刷新に成功。そして南九州格付けガイドも発行に至り、南九州への注目は一気に高まることとなった。

	「サービスランキング」を実施
	社の信条に「4S（後に5S）」を加える
2004年（平成16年）	九州新幹線部分開業を指揮
2006年（平成18年）	会社初のM&A交渉を担当
2009年（平成21年）	JR九州の社長に就任
2010年（平成22年）	農業に参入
2011年（平成23年）	「JR博多シティ」オープン
	九州新幹線全線開業
2012年（平成24年）	「うちのたまご」発売
2013年（平成25年）	「ななつ星 in 九州」運行開始
2014年（平成26年）	JR九州の会長に就任
2016年（平成28年）	「駅から三百歩横丁」を博多にひらく
	株式上場を果たす
2017年（平成29年）	JR発足30周年を迎える

ハラハラドキドキも、実り多き委員会

つい先日のことだが、「南九州観光調査開発委員会」の同窓会が催された。会場は東京・赤坂の「うまや」。

現在に至り、すっかりこの赤坂に定着かなった店に、委員会の懐かしい顔が並んだ。委員会そのものは終了し、毎年開催されるこの同窓会に議題は存在しないのだが、この人たちは**相変わらず議論**を重ねている。

九州がどうあるべきか、という大きなテーマから、委員会でこの人からこんな反論を食らってほんとうに頭にきた！という昔の思い出話もテーマに上がる。

鹿児島で学校法人を経営されているゲスト委員の津曲貞利さんは、かのアンノン族の仕掛け人たる島田始さんから「○×を磨かない地域の人間が悪いんだ」「（観光パンフレットを指して）なんでも載せたらいいってもんじゃない、これじゃバーゲンのチラシだ」「アンタのことはずっと県の職員だと思ってたよ」と三度にわたり、ほぼ暴言に近い（！）非難を浴び、いよいよ三度目には「この東京から来た生意気な奴をブン殴って、委員なんて辞めてやる！」と思っていたという。

（それはほんとうに島田さんが申し訳ないことをした）

そういうお二方が肩を並べて、たぶん仲よく、焼酎を傾けている場面を見ると、ハラハラドキドキで激務の原因となるも、南九州観光調査開発委員会はほんとうに実り多き場であったとあらためて思う。

もちろん、そこで**得られたアイデアを実際につぎつぎと具体化**させていくという作業はけっして楽なことばかりではなかったが。

駅を大改造……もとい大掃除

話を十四年前の九州に戻す。

第二回の委員会で、福岡の老舗菓子店の女将・石村一枝さんから女性らしい、そしてお客さまを相手にする老舗らしい提案が寄せられた。

「**旅の入り口は駅**ですよ。駅をきれいにするべきです」

（そうだ、そうだ）

「特に、駅のトイレが汚い！」

仰せのとおりであった。

ただちに、九州内の主な駅のトイレの改修にとりかかった。

南九州観光の拠点となる、砂蒸し風呂の指宿駅、全国的にも知られる名宿「雅叙苑」や「妙見石原荘」の最寄り駅である隼人駅、温泉郷とパワースポットへの玄関口たる霧島神宮駅は、水戸岡鋭治さんのデザインで、トイレのみならず駅舎の内外装ともに鮮やかなリニューアルが施された。もちろん、トイレも水戸岡デザイン。このような経緯もあって、JR九州管内の駅や施設、列車は本体もさることながら、**トイレも全国でも珍しいほどに凝ったデザイン**だと思う。

一方、予算規模のこともあり、すべての駅にデザインのリニューアルを施すわけにはいかない、という実情もあった。

これについても委員会はエラかった。熊本県の八代駅から鹿児島県の隼人駅までを走る肥薩線には、一九〇三（明治三十六）年につくられた嘉例川駅をはじめ、歴史ある駅が沿線に続くのだが、委員会のメンバーは初めて見た瞬間から「素晴らしい！」と激賞してくれた。

そして、水戸岡さんはもっと偉かった。**「昔の人がすでにちゃんとデザインしてくれている」**のだから、デザイン改修工事など施す必要はない、と言い切った。

実際、水戸岡さんと私と施設の責任者、工事責任者とで**「ライブ会議」**と称して、猛烈な勢いでおこなった駅のリニューアルでは、余計な掲示物やポスター類の撤去、行き届いていなかった掃除のやり直しと徹底、什器の配置変更といった**整理・整頓・清掃**により、本格改修が施されなかった駅もすべてが見違えるような姿に生まれ変わった。

今でもきっとそれらの駅は、掃除や手入れがたぶん行き届いているはずだ。不行き届きの点などあれば、読者の皆様から最寄りの駅などにお知らせいただければ、総出で改善に走るだろう。後の章「競争は力なり」でも触れるが、弊社では二〇〇三年から管内の有人全駅と関連施設を対象に**「サービスランキング」**なるものを実施している。その採点は、**「整理・整頓・清掃・清潔」**の四つに**「躾（しつけ）」**を加えた当社の現在の信条**「5S」**からなるが、じつはこれは、先の石村さんの駅についての発議と、水戸岡さんの駅デザイン&リニューアルに関わる鮮やかなマジックもあって生まれたモットーであった。

このように南九州観光調査開発委員会のアクションは、そのネーミングを大きくはみ出し、我が社の信条にまで及ぶこととなった。

「勝手に」評価、表彰する制度も制定

ある回では、観光とまちづくりには景観が大切だとする提案がなされた。すぐに、委員会主導で「南九州景観整美大賞」なるものを創設した。この賞は、各地の景観向上の取り組みの中から、優秀なものを表彰しようという制度だ。例えば、鹿児島市の路面電車の線路間を芝生で緑化した取り組みや、鹿児島県長島町の石積み花壇の造成などが表彰の対象となった。それぞれの地域で景観をよくするために奮闘している人たちにとって、いい目標ができたとの評価をもらった。

第三回委員会だったか、熊本県で評判の「塩トマト」が話題となった。その日は珍しくあまり口を開かなかった島田さんが、突如熊本県の部長に食い下がった。

「せっかく、こんな美味しいトマトがあるんだから、日本一のトマトとして売り出せばいいじゃないですか!」

流行の仕掛け人としての血が騒いだのだろう。中身がいいのだから、あとは売り方次第でブームをつくることができると踏んだのだ。アンノン族や『Ｈａｎａｋｏ』を大ヒットさせた島田さんにすれば、じれったくてしょうがない。

すると、熊本県ではなく宮崎県の委員から反論があった。

「いや、宮崎のトマトが日本一美味しいんです。日照時間が長いので、糖度が高くなり、味は日本一美味しくなります」

熊本県の委員も黙っていない。

「いやいや、うちのトマトが日本一ですよ。収穫量も圧倒的に全国一位なんですから」

こんなやり取りのあと、話が観光の話に及び、島田さんが語りはじめた。

(長くなりそうだな)

「私は、**『VS発想法』**を好んで使います。昔、『an・an』という雑誌の編集部にいたときにライバル誌に『non-no（ノンノ）』がありました。両者が互いに競い合うことで話題をさらい、読者の関心が両者に絞られていく。ますます両者の人気が高まる。競争が当事者のレベルアップに繋がるのです」

奇しくも、現在まで私も好んで用いてきている**「対決型」マーケティング**の提案だった。

「この原理を観光においても応用したらどうか。南九州の中の宿泊施設や飲食店、観光施設、さらには自然資源も含めて格付けをおこなったらどうか。レストランなどの格付けで知られる『ミシュランガイド』のやり方を、南九州の観光推進にも当てはめたらどうでしょうか」

つまりは、南九州のガイド本をつくってしまおう、そういう提案だった。

（話が長くなりそうだ、なんて思ってごめん！　面白い！）

この提案は委員会で採決され、いろいろと紆余曲折を経たものの、島田さんらの尽力もあって、二〇〇五年三月には出版という形で成果を得ることとなった。

題して、『さすが 南九州格付けガイド 2005-2006』（マガジンハウス刊）。

講談社、新潮社、主婦の友社などの出版社や全国紙の辣腕編集者たち、NHKエンタープライズやイーストといった番組制作会社のプロデューサーなど、東京を拠点にメディアの第一線で活躍する面々に、南九州の店舗施設を**本気でメッタ斬り**にしてもらった。地元の中だけではとても無理な企画だったが、これなら何か言われても「東京の人たちが勝手に書いたんです」と言ってしまえる。

そして、彼らのごくストレートな批評眼を通すことで、地元に対して「何に価値があって、何に価値がないのか」を端的に示すことができたように思う。

なんとなく黒豚、なんとなくカツオ、なんとなく温泉ではダメなのだと。

現在も見ることのできる電子書店の「Ａｍａｚｏｎ」の紹介ページでは、このように紹介されている。

いまもっとも旬の観光エリアといわれる熊本、宮崎、鹿児島の南九州3県。その知られざる魅力を第一線の辛口編集者8人が徹底的に体験取材。スピリチュアルゾーン、温泉、食、宿の4部門に分けて、注目のところを「勝手に格付け」！　最新情報満載の格付けガイド本登場！

表紙と奥付に「監修・南九州観光調査開発委員会」とある。

やはり、委員会の名称はこれでよかった。これが、「あんたも私も南九州であれやこれやどんちゃん騒ぎをしましょうねの会」だったらと思うとぞっとする。同書は二〇〇七年にも第二弾が新潮社から発刊され、さらなるメッタ斬りが話題となった。

この委員会では、先の景観を表彰するものと共に、観光推進の視点からテレビ・新聞・雑誌の各メディアのコンテンツを対象とする「南九州魅力発掘大賞」という賞も制定された。これはカナダのある地域の観光局が、その地域を取り上げたメディアの記事を**「勝手に」表彰する賞を創設**し、軌道に乗っている事例に倣ったもの。「勝手に」というスタンスがいかにも我々らしくていい、と満場一致で、そして例によってもの凄いスピードで策定された。

同賞は、今年二〇一七年でちょうど十年目を迎え、昨年からは九州全域の観光推進に貢献いただいたものを対象とする「九州魅力発掘大賞」として発展を遂げている。

ちなみに二〇一七年の大賞は、二〇一六年三月および四月に放映されたＮＨＫ総合テレビ「ブラタモリ（熊本城／水の国・熊本）」。

表彰式では、くまモンも登壇し、福岡出身のタモリさんから「意識しなくても、人に九州の話をするときはどうも自慢げになっているみたいでして、『ブラタモリ』もこと九州に関しては、自慢げなところが出てしまいます」とメッセージを寄せていただいた。

あくまで「勝手に」表彰したまでだったが、表彰式は一段と盛り上がり、誠にありがたいことであった。

九州みちゆき記
何やら素敵な上のほう
大分駅の上のほうには屋上庭園アリ
実際はこうじゃないけど、思い出すのはこんなイメージ
各所にいろいろな『隅』がある。
お気に入りは
小さいおうち！
ウフフ
列車も走る
ぽっぽー
のりたい！
参道のお店
何か高いところ
のぼったりおりたり
さざえ堂
回廊
外側からのぼる！
博多駅の上のほうには『くうてん』……
吹抜けと植物が組み合わさって『おお！』となる抜けのよさ。
飲食街なのね。
※イメージです。
ホテルブラッサムの上のほうは温泉！
こりゃ好いや。

「持ち帰ります」だと決まらないのだ

水戸岡　南九州の仕事でとりわけ印象深かったのは古い小さな駅のリニューアル。本章の序盤でも少し触れていますが、肥薩線沿線で矢継ぎ早におこなった**「ライブ会議」**は本当に痛快でした。

唐池　駅ごとにおよそ三十分ずつ。「ハイ！　次、ハイ！　次」とリニューアルの内容を決めていく。特別に工事を施した一部の駅を除いてほとんどの駅が「整理・整頓・清掃」で見違えるように生まれ変わった。ごみ箱をなくそう。不細工に貼られたポスターをはがそう。傷んだサッシは修繕しよう。徹底的に「整理・整頓・清掃」を指導して、デザインは一部の駅にほんの少し。それで肥薩線全体が見違えるように輝きだした。

水戸岡　ちょうど唐池さんが指揮をとられた二〇〇四年の九州新幹線部分開業で、鹿児島中央～新八代が開通した折だったので、沿線の皆さんの意識も高まりつつあるところでした。そして、「ライブ会議」の特徴は、鉄道事業本部の営業部長たる唐池さんがいて、駅の施設を担当する部門の責任者、施工を請け負う別会社の現場監督もいた。だから、デザインを担う私の提案がその場で次々と採択されていった。

唐池　あれは、カラクリとして細部にわたるまで物事が決められるスタッフィングにしておったんですな。どうせ**持ち帰ったものは、いつまでも決まらない**んだから。

水戸岡　「持ち帰って検討します」という言葉にはまったくいい思い出がありません（笑）。先日、おうかがいしてハッとさせられたんですが、肥薩線の「ライブ会議」のときにはその場で即断即決するためのシステムが用意されていたんですね。まさに**決断するためのトレーニング**をなされたリーダーだとあらためて思いましたよ。

唐池　いくら褒められても、私がこれだ！と決めたネーミングやアイデアに、水戸岡さんがことごとくNGを出してきたことは忘れませんよ（笑）。しかし、私が余計なポスターや看板を整理する発想に至ったのは、やはり水戸岡さんの影響ですね。南九州の委員会が始まったころ、鹿児島・霧島温泉の丸尾という大きな交差点で水戸岡さんがぽつりと「看板がなかったらいいのに……」と独り言を言ったんですよ。その瞬間、私も「あそうだ」と。その交差点には近隣のホテルや旅館の看板がびっしり掛かっているんですが、それらがないと非常にいい温泉地の風景となるんですね。

水戸岡　あれで儲かるのならいいんですけど。けっこうな広告費をはたいておきながら、短く細くしか儲からない。また、子どもたちは、そういった景観に対する感性が大人よりはるかに強く、影響を受けやすい。長い目で見ると、**写真に撮りたくなるような景観を保持するほうが、地域に長く太いメリットをもたらすはず**なんです。

唐池　雑誌の取材記事などで、看板やポスターだらけの風景を大きく載せたものなど見ませんしね。日本中を見渡してみると、まだ旧来の宣伝広告の感覚にとらわれた地域がいっぱいあります。そちらでもぜひ**激論を闘わされるとよい**かと思います。

学んだこと

激論を闘わせたあとは真実が見える

コラム

画伯とまちを歩く

山口晃（あきら）画伯とまちを歩いた。

前著『鉄客商売』の表紙と挿画を描いていただいたのが山口晃画伯。東京藝術大学（油画専攻）出身の現代アートの第一人者で、四十代半ばと今まさに脂がのっている。

伝統的な日本画の手法を借りながら、現代美術の最先端を切り開くアーティスト。〝神の手〟を持つ画家とも評される。じつは書き手としても名手であり、著書『ヘンな日本美術史』（祥伝社）では小林秀雄賞を受賞した。

「画伯、あの変な画家が描いた美術史とかいう本、あれを読んじゃうと文章が書けなくなってしまいますよ」

前著の表紙画を描いてもらった縁で、すでに画伯の画集『山口晃 大画面作品集』（青幻舎）なども繰り返し鑑賞しているから、その天才ぶりと変人ぶり（失礼！）は承知している。

現代の日本の風景を「洛中洛外図」の手法を借り、新たに創造した作品などは、画伯の頭脳構造の非凡さを表している。

画集には画伯の大好きな電柱の魅力について述べたコラムもある。明治につくられた電柱の形状には、華道の美学が取り入れられているというくだりは、へええっと感心することしきり。ただ、電柱に異常なまでの執着を抱かれているところが、凡人からみるともはや変人のそれに思われる。

「いえ、変な画家じゃなく、『ヘンな日本美術史』です」

「そう、その変な本。あまりにも面白すぎて一気に読みましたよ。作家としても超一流ですね」

「んー。いやいやいや……」

落語通としても知られる画伯は、間のとり方が絶妙だ。

「あれを読むと私なんかは、次の本を出す気がなくなりました」

画伯とのこんなやりとりから、私のお気に入りのまち、臼杵（うすき）と飫肥（おび）の珍道中がはじまった。本書の表紙画と挿画制作に向けてのロケハン旅行なのだった。

『鉄客商売』は、ビジネス書としてはそこそこ売れたらしい。

珍道中に同行した『鉄客商売』の編集長（私は「原稿取り立て屋」と呼んでいるが）のSさんに言わせると、「そこそこ」の大半が山口画伯の絵の評判によるものだそうな（！）。

反論したかったがぐっと言葉を呑み込んだ。おそらく確かにそうなのだろう。

なにしろ画伯は、当代一の画家なのだからしかたがない。超多忙の画伯に、拙著の表紙を描いてもらえただけでも幸運と思わなければいけない。感謝しなければいけない。画伯を担ぎ出したのは、取り立て屋の大手柄だ。取り立て屋にも逆らってはいけない。

取り立て屋がまたも暗躍し、こうして『鉄客商売』の続編を出すことが決まった。表紙画、挿画も引き続き、画伯が快諾してくれた。

『鉄客商売』で語り尽くせなかった話が、まだまだ山ほどあった。

外食事業の二度目の赤字の立て直し、丸井の研修で学んだこと、サービス論、農業への参入、もちろん「ななつ星」のことも。

何から書きはじめようかなと思案していると、S編集長殿（一応敬意を表して）がしゃしゃり出てきた。

「唐池さんのまちづくりの話、面白いですよ。まちづくりの話を書きましょうよ！」

はたして、私の好きなまちを画伯と巡ることとなった。

二十年ほど前からまちづくりに関心があった。仕事にかこつけて全国あちこちのまちを訪れた。九州以外だと、長野県の小布施（おぶせ）や松本、金沢、京都などがお気に入りのまちである。いずれも何度も訪れてみたくなるところばかり。

そして九州では、飫肥、由布院、黒川温泉、天草、阿蘇といったまちにひかれた。

「臼杵に行きましょう！」

かつて有名女性誌の辣腕編集者として鳴らしたS編集長殿の一言で、大分県の臼杵からはじめることになった。臼杵には何度も足を運んだことがあるが、今まではそのように真っ先に指名するほどの評価を私自身はしてこなかった。

ここはひとつ、編集長殿のカンを頼りにすることにしよう。

三月のはじめ、山口画伯、編集長殿、私の三人に、臼杵のことなら「まかせてください」という地元のフンドーキン醤油の小手川強二社長を加えた四人で、臼杵のまちを探検するツアーが挙行された。画伯とS編集長殿の二人が大分県臼杵市に着いたのがその日の夕刻。福岡から直接臼杵に入った私とほぼ同じタイミングだった。その日の夕食から合流した。

この時季に臼杵に来るといえば〝フグ〟だ。臼杵名物のフグに舌鼓を打つ。実のところこの探検は、それが一番のクライマックスとなる。

（どうも、Sさんは、このフグが目当てだったのかもしれない）

地元の名士たちも足繁く通うという店でフグの刺身を口に入れた瞬間、Sさんの魂胆に気がついた。もっとも、そのときのフグがあまりにも美味だったので、感謝の気持ちが高まった。

夕食の席で、画伯と編集長殿に小手川さんを紹介した。小手川さんと私は、かなり古くからの付き合いで、折にふれ将棋の対局をしたり、酒席を共にしたりする仲である。

編集長殿に言わせると、臼杵のまちづくりは、九州人以上に東京人の目線から見て評価が高いという。そこで、臼杵のまちづくりのリーダーでもある小手川さんを二人に引き合わせたくて、同席してもらった。

すらりと背が高くて、学生時代はイケメンの陸上の短距離選手だった小手川さんは、私と同世代。経営者としても、まちづくりなどの地域活動においても、周囲から尊敬の眼差しを集める。そのダンディな紳士が誇らしげに胸を張った。

「明日は、臼杵のまち歩きを楽しんでください」

小手川さんは、戦国大名大友宗麟が築いた臼杵城下に広がるまち歩きのポイントを簡潔に説明してくれた。小手川さんのおすすめは、二王座歴史の道と呼ばれる武家屋敷跡と寺院が並ぶ石畳の道、そして旧商家がつらなっている通りだ。フンドーキン醬油の原点である小手川酒造がかつて営まれた旧家もその旧家街にある。その家は旧姓小手川、のちに『秀吉と利休』などで知られる国民的作家となった野上弥生子氏の生家でもある。

「できたら、うち（フンドーキン醬油）の世界一の木樽も見てもらえれば……」

フンドーキン醬油は、ギネスブックにも認定された世界一大きな木樽の中で三年間醸造させた醬油をつくっている。

「面白そうですね」

S編集長殿が、真っ先に臼杵のまち歩きを提唱した自分のカンがいかに優れているかということを確認するかのように頷いた。

翌朝、快晴に恵まれ、絶好のまち歩き日和となった。

「私は、晴れ男なんです」

画伯が珍しく自己PRをするものだから、私も晴れ男です、とは言いだしづらかった。

「画伯はいつも晴れますよね！」

S編集長殿がいきなり太鼓持ちになった。ここでまた、「殿」はやめて、取り立て屋と呼ぶことに密かに決めた。

朝の爽快な空気に誘われるまま、旧商家がつらなる通りを、画伯、取り立て屋、私の三人で散策した。商家の街並みも石畳も歴史の積み重ねを感じさせる。旧商家街が突き当たる臼杵川の中州には、大きく「金」の字が刻まれた分銅形のロゴマークを頂くフンドーキン醤油の大工場がそびえる。まるで前夜の、まちづくりへの功績を自慢げに語る小手川さんの姿を思い出させた。

川から通りに入ってまもなくのところに小手川商店はあった。店は、現在もフンドーキン醤油が営んでおり、醤油、味噌、雑貨の小売りもしている。

その商家づくりの土間の奥にある座敷で、同家自慢の朝食をいただいた。その朝食は、自家製の醤油と味噌を使い、「きらすまめし」（おからとマグロを合わせたもの）、「黄飯」（くちなしの実で染めた飯）、「かやく」（白身魚と豆腐、大根など野菜を煮込んだ、黄飯にかけて食べるけんちん汁様のもの）、胡麻豆腐、白はんぺん、卯黄の味噌漬けなどが並ぶ臼杵の家庭料理だ。

昨夜のフグのときにもまして、三人の顔は「美味しい喜び」に満ちていたことだろう。

朝早く東京に出張された小手川さんに代わって、映子夫人が食事の席に顔を出された。夫人は、上品な言葉づかいで慈母のような笑みを浮かべながら、臼杵のまちづくりについて熱く語ってくれた。

「まちづくりの権威でいらっしゃる先生を臼杵に招き、いろいろと教えていただきました」

話を聞いていると、どうも、臼杵のまちづくりにもともと積極的にご尽力されたのは奥様だったようだ。

（前夜の小手川社長の自慢話はなんだったんだろう）

日本中どこのまちづくりも、こうした女性の力は欠かせない。

三人で、フンドーキン醤油が誇る世界一の木樽の前にやってきた。

臼杵の街の中心部から車で二十分ほど。森に囲まれた小高い丘の上にある。

門の前で車を降りた画伯は、足早に世界一の木樽に近づいていった。一足遅れて木樽にたどり着いた取り立て屋と私は、木樽を見る前に、木樽を見上げている画伯の姿に目を留めた。小さい子供が大好きなおもちゃを手にしたときのように目を輝かせている。

今回のまち歩きツアーを企画した最大の目的は、画伯にいかに創作意欲を高めてもらうか、である。ゆうに三年先までぎっしりとスケジュールが詰まっている画伯に、拙著の表紙の絵を描いてもらわなければいけない。そのためには、画伯の創作意欲が湧き立ってくるような題材を提供する必要がある。木樽に見入っている画伯を見て、取り立て屋と私は目的が達成しつつあることを確信した。二人で顔を見合わせて、「よかったな」という意味の目配せを交わした。

直径九メートル、高さ九メートルの木樽は確かに抜群の迫力だった。巨大な木樽の中で、三年間ゆっくりと発酵・熟成させる。全国の醤油メーカーを見渡しても、木樽で醸造する醤油メーカーは数少ない。その中で、昔からの木樽による醤油製造にチャレンジしたフンドーキン醤油はたいしたものだ。

木樽を見上げながら、小手川さんのことを再評価した。

「次は、石仏に行きましょう」

木樽で気分が乗ってきた画伯は、珍しく積極果敢な言動に出た。

臼杵で一番有名なものは、国宝にも指定されている臼杵石仏だ。凝灰岩の岩壁に刻まれた六十余体の磨崖仏を拝観するために多くの観光客が臼杵にやってくる。

じつは、それまで私はそれほど石仏に魅力を感じていなかった。昔、何度か訪れたことがあるが、感動した記憶がない。

「画伯。石仏は世界の〝四大がっかり〟のひとつですよ」

あとの三つが何だったか覚えていないが、乗ってきた画伯に水を差してしまったかもしれない。すかさず、編集長殿（一応、再び敬意を表して）が助け舟を出してくれた。

「画伯には、幼いころ旅先のお父さまから臼杵の石仏の絵葉書を受け取った、懐かしい思い出があるそうですよ」

私は、君子だからすぐに豹変した。

「行きましょう、石仏に！」

実際、石仏は誠に見ごたえのあるものだった。〝四大がっかり〟発言は素直に撤回した。

その昔に私が訪れたときには、石仏群は屋根もなく風雨にさらされていた。しかし今回見てみると、石仏はちゃんと木造の屋根で覆われていた。十数年にわたる保存修復工事を経て、風雨除けの屋根もまた新築されたらしい。

「屋根ができて観光スポットらしくなりましたね」

私の屋根称賛発言を聞き、画伯はそっとつぶやいた。

「屋根がないほうがいいのに……」

天才画家の視点は違う。何気なく漏らすそうした一言に、仏ではなく思わず画伯に両手を合わせた。

昼前、小手川さんおすすめの二王座歴史の道に着いた。

もともとは、阿蘇の火山灰が固まってできた凝灰岩の丘だったそうだ。岩を削って道を切り開き、石畳の道の両側に武家屋敷や寺院が立ち並んでいる。仁王像がかつてあったことに由来する名のついた石畳の道には、城下町の面影が色濃く残っている。

画伯が一段とノッてきたようだ。あちこちでカメラを構える。

画伯の創作意欲がどんどん高まっていることを感じられる。

(臼杵に来てよかった)

私も思った。それほど期待していなかった臼杵が、こんなに面白くて興味が尽きないまちだったとは。フグも美味しかった。臼杵の家庭料理も堪能した。街並みも風情があった。世界一の木樽にも圧倒された。石仏に対する評価は一変した。

臼杵、恐るべし。

前夜を含め、ほぼ一昼夜滞在した臼杵の後は、宮崎県の飫肥へ入る旅程となっている。

私の一番のお気に入りのまちは、飫肥だ。画伯に飫肥をじっくり観てもらいたい。

今回の旅のスケジュールを組んだ編集長殿に聞いた。

「飫肥にはどれくらい滞在するのですか」

「飫肥には二時間ほどしかいません」

（それは短すぎる）

画伯にはもっと長い時間飫肥を観てもらいたいと、編集長殿に嘆願したが聞き入れてもらえなかった。

仕方なく、字足らずの一句をひねり出した。

「飫肥に短し、臼杵に長し」

傍らの画伯が本気でウケている。思わず微笑んでいる。

（やったぞ、画伯がノッてくれている）

臼杵探検ツアーは大成功を収めた。

このあとの訪問先、飫肥については本編の章で、持論と共にじっくり述べることにする。


大分から宮崎を縦断するすべての行程を無事に終え、画伯が東京行きの便に乗る宮崎空港へ。

飛行機に乗り込む前に空港のゲートで画伯に旅を総括する意味で、こんな質問をした。

「臼杵から飫肥へと探検していただいた今回の旅の中で、画伯の心の中に最も強く刻まれたのはどこのシーンですか」

餃肥だろうか。臼杵だろうか。臼杵でも石仏だろうか、それとも世界一の木樽だろうか。

「餃肥のあとで青島にちょっとだけ立ち寄りましたが、そこで見つけた電柱に一番感動しました」

そんなせりふを残し、「変な画家」は東京へ帰っていった。

さような努力もあり、本書は完成した。

前著以上に、本気でノリにノッて、画伯も私も手を筆をすすめた（と思う）。

ビジネス書だとか鉄道会社の本だとか、そういう狭い範疇に収まらぬ、いっそう「ヘンな本」ができたものと確信している。

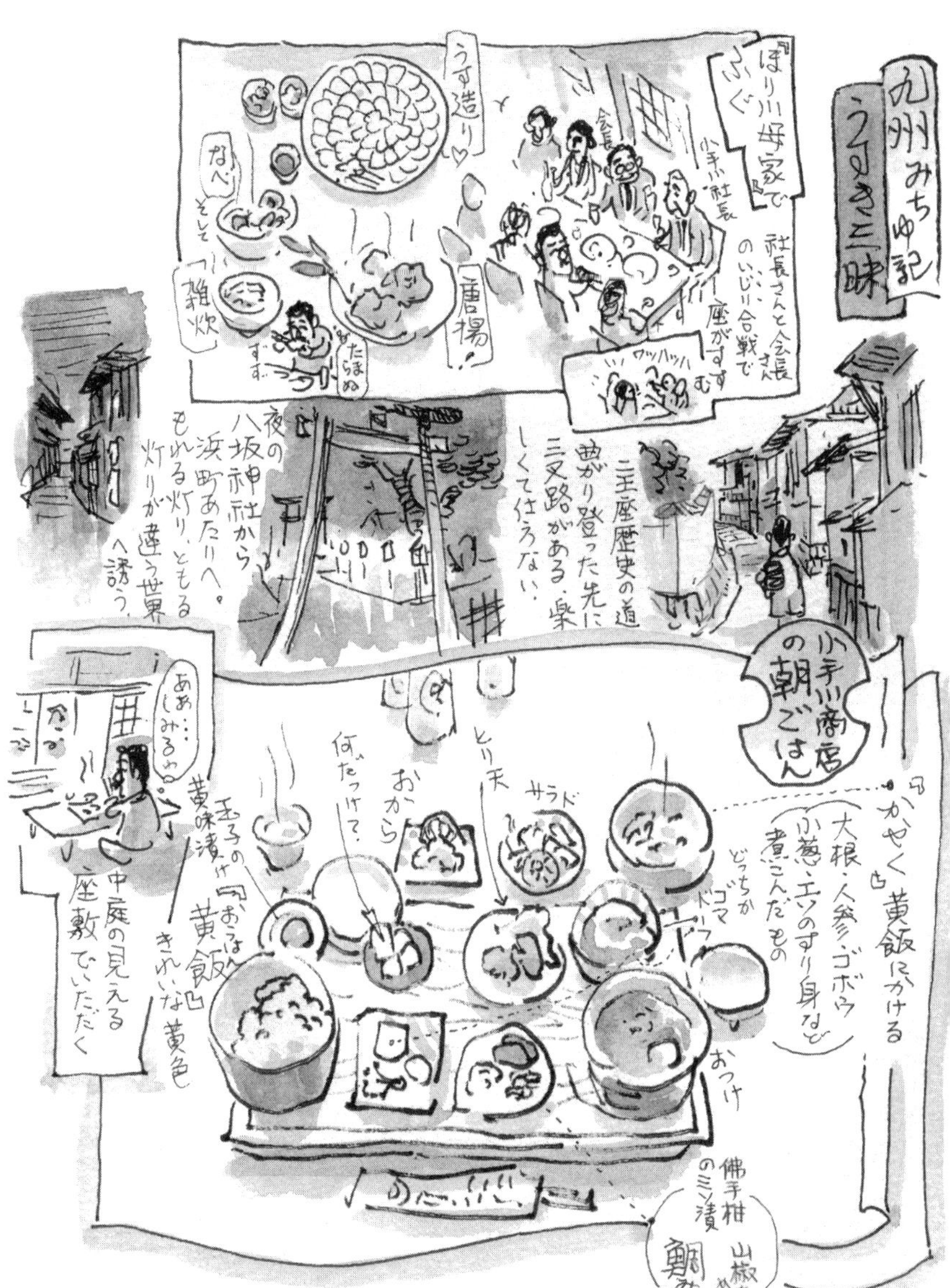

九州みちゆ記
うすき三昧
『ぼり川母家で』ふぐ
社長さんと会長さんのいじり合戦で座がすすむ
会長
小手川社長
ワッハッハ
うす造り
なべ
そして
雑炊
唐揚
たらふく
ずず
夜の八坂神社から浜町あたりへ。もれる灯り、ともる灯りが違う世界へ誘う。
二王座歴史の道
曲がり登った先に三叉路がある。楽しくて仕ろない。
小手川商店の朝ごはん
かやくも黄飯にかける
大根・人参・ゴボウ
小葱・エソのすり身など
煮こんだもの
どっちか
ゴマドーフ
サラド
とり天
おから
何だっけて
玉子の黄味漬け
『おはん黄飯』
きれいな黄色
ああ…しみるぅ
中庭の見える座敷でいただく
おつけ
佛手柑のミソ漬
山椒ちりめん
鯛みそ

世界一をめざすがゆえに

「エル・ブリ」に学んだこと

1977年（昭和52年）国鉄に入社
1987年（昭和62年）JR九州に「入社」
丸井で研修
1988年（昭和63年）SL「あそBOY」デビュー
1989年（平成元年）特急「ゆふいんの森」デビュー
船舶事業の準備をスタート
1991年（平成3年）「ビートル」国際航路開設
1993年（平成5年）外食事業に着手
1996年（平成8年）外食の新会社を創設
2000年（平成12年）外食会社の社長に復帰
2002年（平成14年）東京・赤坂にレストランオープン
2003年（平成15年）「南九州観光調査開発委員会」を発足
「サービスランキング」を実施

2004年（平成16年）

社の信条に「4S（後に5S）」を加える

九州新幹線部分開業を指揮

［世界一をめざすがゆえに］

＊九州新幹線部分開業に伴い、唐池恒二はイタリア・ミラノで開催された高速鉄道の国際シンポジウムに参加。しかし、心はミラノにあらずで、シンポジウム終了後早々にスペイン入りを決行。「外食王」の血が騒ぎ、訪問を強く願ったその目的地は、当時世界中のグルマンたちの注目を集めていた「エル・ブリ」だった。

2006年（平成18年）	会社初のM&A交渉を担当
2009年（平成21年）	JR九州の社長に就任
2010年（平成22年）	農業に参入
2011年（平成23年）	「JR博多シティ」オープン 九州新幹線全線開業
2012年（平成24年）	「うちのたまご」発売
2013年（平成25年）	「ななつ星 in 九州」運行開始
2014年（平成26年）	JR九州の会長に就任
2016年（平成28年）	「駅から三百歩横丁」を博多にひらく 株式上場を果たす
2017年（平成29年）	JR発足30周年を迎える

どうしてもスペインに行きたかった理由

話は、いきなりスペインからはじまる。

ななつ星の準備をはじめる数年前。そう、確か二〇〇四年秋のこと。イタリア・ミラノで開催された高速鉄道の国際シンポジウムに出席した際、ここぞとばかりにスペインへその足を延ばすことにした。

当時、私はＪＲ九州の鉄道事業本部の営業部長という職に就き、開業に向けて準備が進んでいた九州新幹線のマーケティングを担当していた。そのマーケティング戦略の概要や成果をシンポジウムで発表するという目的でヨーロッパに渡ることになったのだが、私の真の目的は、イタリアでなくスペインにあった。

その前年までＪＲ九州フードサービスという外食子会社の社長を務めていた。本社に戻り、いよいよ鉄道事業本部の業務に邁進……とあるべき折ではあったが、実のところレストラン業に対する関心と興味はまだまだ衰えていなかった。

というより正直なところ、当時の最大な任務である九州新幹線のマーケティングよりも外食業界の動向が気になって仕方がなかった。異動を経験したサラリーマンの皆さんなら、多少は覚えのある心の動きというものだろう。

以前から噂に聞いていていた、あの**〝世界一のレストラン〟**を一度訪れてみたいと機会を狙っていた。その店はスペインにあるから簡単に行けそうもない。かなわぬ願いで終わるかなとほぼ諦めかけていた矢先、折よくヨーロッパ出張が舞い込んできた。

ミラノ行きの出張行程表をつくりながら、本来の仕事が待つミラノの滞在を必要最小限に抑え、ヨーロッパの鉄道視察……と称して勝手にスペインへの立ち寄りを行程に組み入れた。

（この機を逃せば、もうそのレストランには行けないだろう）

機は逃がさなかった。

ミラノの仕事を終えた翌日午前には、飛行機で一時間半ほど飛んでスペインに入国。そのまま当日のディナータイムに滑り込むべく、手配した車に急いで乗り込んだ。

私がずっと行きたかった店の名は「エル・ブリ」という。（日本のメディアではしばしば「エル・ブジ」と記されるが、エル・ブリの関係者が希望する現地カタルーニャ地方の発音をここでは用いることにする）

スペイン第二の都市、バルセロナから車で二時間ほど北へ走ったところにロサスという高級リゾート地がある。その市街地から、車がすれ違うこともできない切り立った嶺の細道を行くと、海沿いの入江を望む松林へ辿り着く。とても交通の便がいいとはいいがたいその地に立つこのレストランに、世界中の食通が心から行きたいと願っていた。

「エル・ブリ」の天才シェフ、フェラン・アドリア氏と共同オーナーのジュリ・ソレール氏は、毎年秋から翌春までの半年間は店をクローズ。次の半年に向け、研究者さながらのアプローチで食材の未知の部分を引き出しながら、新たなメニューを創造した。

一九九七年にミシュランの三ツ星を獲得、二〇〇二年には英国『レストラン』誌の「世界のベストレストラン五〇」で一位に初めて輝いた。また、二〇〇六年からは四年連続で同ランキングの一位を独占した。フェラン・アドリアは、世界の食通たちから文字通り、世界一の料理人と認められた。

予約受付の姿勢に学んだ方針と哲学

「エル・ブリ」にはいくつも伝説がある。

世界のスーパースターのマドンナでさえ、その名声と実力を以てしても「エル・ブリ」には通用しなかったという。店が予約受付日として設定した日時に世界中からメールが届く。半年の営業で提供できる席数はのべでおよそ四千八百。それに対してピーク時には二百万超の予約希望が殺到したとか（四百倍を優に超える倍率！）。

基準は一切伏せられたが、誰であろうと、店の厳正なジャッジのもとに予約の可否が決定された。大物政治家であろうが、著名な実業家であろうが、人気絶頂の芸能人であろうが。とうとう**「マドンナも待たされた」**という話が、「エル・ブリ」を巡る伝説のひとつになっている。

VIPが待ちぼうけを食らう一方で、次々とまったく新顔のゲストが席を得ていた事実や、オークションサイトにその予約席が売り出された「事件」が、**店の予約がコネやツテに支配されていない**ことを如実に表した。この方針と哲学は、二〇一一年の閉店まで貫かれたようだ。

世界を食べ歩くような食通たちも自分たちが置かれた立場をよく理解していた。ともすれば傲慢とも取られかねない「エル・ブリ」の方針に嬉々として従った。

すぐに予約が取れないことがわかっていても毎年予約の連絡を入れる。数年待ちでもまったく平気だ。ようやく「エル・ブリ」に足を踏み入れたときの感動がたまらないらしい。

ある意味、最高のブランド戦略といってもいい。結果として席が取りにくいことは、「エル・ブリ」のステータスとブランド性を大いに高めた。厳正・厳粛なイメージを保ち続けた予約受付のスタイルも奏功した。

ではなぜ、マドンナでさえ待たされる名店に、私たちがすぐに入店かなったのか。

私たちが訪れたのは、同じスペインでも、本家「エル・ブリ」から、南西へおよそ千キロ離れたセビリア地方の「エル・ブリ ホテル アシエンダ ベナスーサ」だったから。

千年近く前に建てられた由緒正しき領主の館をリノベーションしたエキゾティックな五ツ星ホテルに、フェラン・アドリア氏とジュリ・ソレール氏が請われる格好で指南をしたレストランがあったのだ。

そこでは、実験的な研究所のような位置づけで、新たなチャレンジを試みた朝食と本家「エル・ブリ」の過去の料理を〝ヒットパレード〟と称し提供するディナーが知る人ぞ知る評判となっていた。二〇〇四年当時、本家「エル・ブリ」は、私などは到底予約かなわぬ人気ぶりだったが、この〝セビリアのエル・ブリ〟はあっさり取れた。

残念なことに、「エル・ブリ」は二〇一一年七月に閉店し、私が訪れた〝セビリアのエル・ブリ〟も今はもう営まれていない。フェラン・アドリア氏らがさらなる研究に邁進したいと、レストランでなく料理の財団を運営する形を選択したと聞く。

閉店の七年前に、その料理の世界を体験できた私は幸運な人間のひとりだったと思う。

そんな〝世界一のレストラン〟は、私にいくつかの大切なことを教えてくれた。

その一、「気」に満ち溢れた店は、お客さまを呼び込み繁盛する。

本家に何度となく足を運んだという日本の方に聞くと、本家と〝セビリアのエル・ブリ〟では、先述の〝ヒットパレード〟のメニューを除いては、インテリアからサービスに至るまでいろいろと異なる特徴があったという。

しかし、〝世界一〟のブランドゆえのさすがと思わされたことがいくつもあった。

空港や街でたまに芸能人に出くわすことがある。

人気絶頂でテレビや映画にもよく出演する俳優や、歌が大ヒットしている歌手のような旬の人からは強烈なオーラが出ている。目が輝き体が大きく見える。表情も自信に満ちている。

これが「気」なのだろう。

数年前まで、よくテレビに登場していたお笑いタレント。最近はあまり見ないな、どうしているのかな、と思っていると、ばったり駅で見かけることがある。人気が落ちてきたのだろう。彼からは、オーラを感じない。どこか元気がなく、しょぼんとした様子。

「気」が抜けているのだ。

（旬の人に出会うのは空港で、そうでない人にはＪＲの駅というのはなんとも……）

〝セビリアのエル・ブリ〟の入り口の前に立ったとき、店から放たれる、ものすごい熱量を伴ったオーラに圧倒された。店は、たくさんのお客さまで席が埋まっていた。

「気」に満ちた店は繁盛する。そのとおりだ。

その二、明るく元気な声は、「気」を呼び込む。

その店内に足を踏み入れると、瞬間に歓迎の声を店じゅうから浴びせられた。スペイン語だろうから意味はよくわからないが、声の主たちの明るい笑顔を見ると、おそらく、「いらっしゃいませ」というようなことを言っていたのだろう。従業員たちはみな親しそうに近づいてきて友達のように話しかけてくる。とてもフレンドリーだ。静謐な空気に満たされていたという本家「エル・ブリ」を知る人には、これらはある意味で意外だった光景らしいのだが、私にはとても好ましいものと映った。

日本の高級旅館や料亭、古くから名店の誉れ高きレストランでは、なかなかこうはいかない。玄関をくぐると、支配人か女将が恭しくお辞儀をする。

丁寧この上ないが、**初めて訪ねた客に友達のように**、ということはありえない。

〝世界一のレストラン〟が料理と哲学を授けたこの五ツ星ホテルでは、明るく元気でフレンドリーな歓迎ぶりが、店に「気」を呼び込む大きな力となっていた。

その三、迅速できびきびした動きは、「気」を呼び込む。

〝セビリアのエル・ブリ〟では、テーブルに座るとすぐに前菜が目の前に運ばれてきた。その後もタイミングよく次々と料理が運ばれてきた。最後のデザートまで、実に約四十ほどのメニューだったが、ホテルらしい小気味のよいサーブに乗せられてリズムよく完食してしまった。

感心させられたのは、料理の数だけではない。**料理を運ぶときのスピードとキレが凄い。**料理を運ぶときの歩く速さに驚く。ウエイターたちがさっさっさっと競歩のような速度でテーブルの間を行き交う。お皿をテーブルの上に置くときのキレは惚れ惚れするほど。スピードとキレのある動きは、店に心地よい緊張感をもたらす。たくさんの「気」を呼び込む。店に「気」を充満させる。そして何より、美しい。

その四、予約が取りにくいことや予約のときにコネもツテも通用しないことがブランド力を高める。

これは先にも述べたとおり。本家「エル・ブリ」では、マドンナのみならず、あまたの**セレブがごく公平にその順番を待つ**こととなった。

「エル・ブリ」に行きたいと願い、そして〝セビリアのエル・ブリ〟に訪問かなったことは、その後の私の仕事と人生に大きな影響を与えた。

以前から「気」の大切さについては自分なりに理解していたつもりだが、訪問後はこれが確信に変わり、人生哲学にまで高まった。

このころから、社内で「気」について語る回数が激増した。

「『気』を集めた人が勝利を手にする」

「『気』に満ち溢れた職場は元気になる」

「『気』を呼び込む会社は業績がよくなる」ｅｔｃ．…

当然、基本中の基本である「気」を満ち溢れさせるための五つの法則も何度も唱えることになった。

一．スピードのあるきびきびした動き

二．明るく元気な声（挨拶や会話）

三．スキを見せない緊張感

四．よくなろう、よくしようという貪欲さ

五. 夢みる力

「エル・ブリ」から学んだもうひとつのこと。予約が取りにくくとも、**厳正な基準を設けた予約受付**の姿勢を示すことがブランド価値を高める。この〝ブランド戦略〟は、数年後に準備をはじめた「ななつ星 in 九州」に大いに活かされた。

（ななつ星は予約受付の際、コネやツテは一切排除しよう）

二〇一二年十月一日。〝日本初のクルーズトレイン〟を謳い文句にななつ星の旅行の予約受付をはじめたこの日、本社クルーズトレイン本部では朝から予約や問い合わせの電話がひっきりなしに鳴り響いた。

運行開始が一年後と遠い先にもかかわらず、さらにはななつ星の車両製造にもまだ着手する前で、車両の影も形もない時点であったにもかかわらず、だった。

大きな広告はほとんど打たず、**「世界一豪華な寝台列車をつくります」**というプレゼンテーションを同年五月におこなったのみだったが、多くのメディアがにぎやかに取り上げてくださった。とりわけ、一運行あたり十四組のお客さまに限定されたものであること、応募多数の場合は、**厳正かつ公正な公開抽選を経てご乗車いただくお客さまを決定する**ことなども報道してくださったおかげだったのだろう。

実体はデザイナーの水戸岡鋭治さんと私の頭の中だけにあり、まだ影も形もない豪華列車が、発表早々から大変な評判を得ることとなった。

サラリーマン失格だとしても

そんな十月一日の昼過ぎに、当時ＪＲ九州の会長だった石原進さんが、社長である私の執務室にやってきた。

「唐池さん、いよいよななつ星の予約がはじまったね」

石原さんは、私の前任の社長であり、私を社長に引き上げてくれた方であり、私にとって当時唯一の上司だ。

その石原さんが、いつも以上に笑顔を浮かべながら部屋に入ってこられた。

（何かあるのかな）

「香港のある超ＶＩＰの方がね、ななつ星のことを聞きつけて、ぜひとも乗りたいとおっしゃっているんだ。唐池さん、なんとかしてやってくれないか」

石原さんは、現在に至るまで「九州日本香港協会」の会長という役職にも就いており、香港に幅広い人脈を持っている。その石原さんが（私の最も尊敬する石原さんが！）「香港において一番大事な人」がななつ星の乗車を熱望されている、そう言ってきた。

これはなんとかしなくてはいけない。

なんとかするのが、サラリーマンとして当然ではないか。

「それはできません」

魔物でもついていたのか、意に反した言葉が口から飛び出した。

今こそ、**「エル・ブリ」で学んだことを本気で実践しなければいけない。**一切のコネとかツテとかを排除する。信念を曲げてはいけない。

模範的なサラリーマン人生を送るより、ブランドの番人に徹するのだ。

「そんなことを言わずに、なんとかなるだろう」

「いいえ、なんともなりません」

ななつ星のプロジェクトをスタートさせたときから、ひとつのルールを心に刻みつけていた。私とななつ星のスタッフの間で固く心に決めたルールだ。

「厳正かつ公平な公開抽選でお客さまを選考していこう」

「ななつ星の予約を受け付けるときは、絶対にコネとかツテとかを排除する」

おそらく運行開始当初は予約希望が殺到するだろう。客室数を遥かに超えて電話が鳴るはずだ。寝台列車なので、客室数を超えたお客さまは乗車できないから、当然お客さまを選抜することになる。

私や役員、関係者などの知人から「ななつ星にどうしても乗りたいから、チケットを優先的に確保してほしい」といった強い要請が舞い込む可能性が高い。場合によっては、政治家や有力者からの圧力（？）も予想される。

実際、受け付け初日から、ななつ星の予約希望は殺到していた。

たったひとりのお客さまでも、コネに流されてはいけない。圧力に屈してはいけない。すべてのお客さまに公平さを欠いてはいけない。

石原さんにななつ星の予約のルールを説明した。

公平・公正・公開抽選。

わずかなやりとりで、石原さんはすぐに理解を示してくださった。

サラリーマンとしては失格かもしれない。

しかし、石原さんにきっぱりと断ったときには、なぜか背筋に快感という電流が走った。

そして「世界二」の人にも断った

電流が走ったのもつかの間、その日の夕刻、思いもかけぬ方から電話をもらった。

「私の懇意にしている人が、どうしてもななつ星に乗りたいからなんとかJR九州に掛け合ってくれ、と無理なことを言ってきましてね。一応正規の申し込みはするそうですが、なんとかなりませんか」

（いい声だな。人を包み込むようなおおらかさがある）

低くて力強い声。そして、あたたかくて優しい響きがあり耳に心地よい。

電話の主は、世界の王貞治さんだ。

以前から、時折パーティーの機会などで何度か会話を交わしたことはあったが、直接電話を受けたのは初めてだった。

スーパースターからの声に酔いながらも、快諾の言葉をぐっと呑み込んだ。

「ありがとうございます。ただし、即答できかねますので、明日まで待ってください。調べてみます」

ちょうど傍（そば）に、ななつ星チームのリーダーである仲義雄さんがいた。正式な職名は、クルーズトレイン本部次長だ。ななつ星の準備をはじめたときからずっとその中心にいた、私が最も頼りにしている、当時三十代半ばの快男子。正義感も人一倍強い。私よりもはるかに頑固で、言い出したら私がいくら説得しても納得がいくまで節を曲げない。ある意味、誰よりも真っ先に**サラリーマン失格な快男子**。

電話を切り、仲さんの顔を見た。

王さんからの電話だ、と告げると、「ええええっ」と目を丸くした。

「悩みますね」

石原さんの要請に応じなかったことは、三時間ほど前に仲さんにも伝えてある。仲さんからは感謝された。その正義感の強いチームリーダーでも、王さんからの話には心が動いているようだった。

「王さんは、なんといっても世界の王さんですからね」

彼は、ルールを破っても王さんの話に乗ることに魅力を感じている。そちらの選択のほうが、ななつ星のブランドを高めると直感したのだろう。

ブランドの番人の私も心が揺れていた。

「とにかく、明日まで考えよう」

翌朝、仲さんを呼んで私の決意を伝えた。

「やはり、王さんにも断ろう」

厳正な抽選で選考することを王さんに説明し、納得してもらうことにした。ひと晩を経た仲さんもやはり同じ意見だった。

さっそく、王さんに電話を入れた。

「それはそうですよね。わかりました」

王さんは、やはり世界の王さんだ。すぐに理解を示してくれた。

その後、何度か東京の政治家センセイや財界の方々から、ななつ星のチケットを融通してほしいとの連絡をもらった。かなり粘られたこともあった。しかし、執拗に食い下がる人にも、この決めぜりふが効いた。

「すみません、あの王さんにも断りました」

王さんの偉大さをあらためて実感した。

しかし、王さんは抽選と言った途端になぜあんなにあっさりと納得してくれたのだろう。

プロ野球通の知人に尋ねると、明快な答えが返ってきた。

「そりゃあ、王さんは毎年ドラフト会議で抽選していますから」

「ありえない」ことを積み重ねた

水戸岡　この「エル・ブリ」のことは、ななつ星を進めるなかで何度となく話に出てきましたね。

唐池　「エル・ブリ」は「エル・ブリ」でも、バルセロナ近郊の本家からおよそ千キロ南西に行った〝セビリアのエル・ブリ〟で。ホテルの中のレストランという位置づけで、本家とはサービスや雰囲気にもいろいろ違いはあったわけですが、それでもやはり当時世界一の気風というか、過去の料理のアーカイブを提供する〝ヒットパレード〟やその後世界中のトップシェフに多大な影響を与えたと聞くチャレンジングな朝食のコーディネイトなど、随所にのぞく本気度の凄さには目を見張るものがあったわけです。

水戸岡　印象的だったのは、私がななつ星のお客さまに出す料理の皿について悩んでいたとき、**「白でいいよ、『エル・ブリ』も白だったもん」**と唐池さんが言ってくれたこと。

唐池　お皿はキャンバス。料理が綺麗なら、それで絵になるからと。確かに言いましたな。

水戸岡　ああいう瞬間にさっと解決策を出してくれるのって、デザイナーの立場だと本当に救われる思いなんですよ。それから驚いたのは**ななつ星の車両の配置**。例えば、新幹線の発想ならいちばん高額な客室車両は、編成の真ん中にあるべきと考えられている。

唐池　でも、ななつ星はいちばん前をホテルでいえばメインロビーに当たるラウンジカーとして、最後尾七両目の二部屋を最高級のデラックススイートとした。

水戸岡　いちばん後ろは眺めも最高。だからいちばん高級なお部屋に提供する。これが唐池さんの結論でした。このプランは車両課をはじめ皆さんから大反対を食らいましたが唐池さんはつっぱねた。入り口でもあるメインロビーたる一両目からデラックススイートのお客さまを最後尾まで歩かせるなんて発想も**鉄道事業ではありえないもの**でした。

唐池　やっぱり、私が外食事業に携わっていたからでしょうな。レストランをはじめとしたサービスの施設について私は**「神社参道論」**という持論をもっていまして。神社がありがたいのは結局参道がなんだか眺めがよくて清らかでいい気分にさせるからではないかと。伊勢神宮も、明治神宮も、地元福岡でいえば太宰府天満宮も長い参道にいくつも鳥居や門があって、やたらと歩かされるけれど、なんだかありがたくていい経験をした気分にもさせられる。「エル・ブリ」をはじめ、名だたるレストランはエントランスを入ってから、それなりに歩かされて、よい席ほどそこに辿り着くまでいくつも場面転換があるでしょう。

水戸岡　ななつ星は一両目から最後尾の七両目に至るまで、**通路をジグザグ**にもしました。あれも鉄道業界では常識外。結果的に凄くいい「まちの通り」のようなイメージになった。

唐池　水戸岡先生のおかげです。ななつ星はよく「走るホテル」と形容されますが……そう！　まさに**「走るまち」**のようでもありますな。また、いいコピーを思いついてしまった……（笑）。

水戸岡　そんな「まち」だからこそ、誰にでも公平に機会を提供するし、誠実なサービスも行う。ななつ星は、私たちが思う「まちづくり」のあり方にも結果的に通じているのでしょうね。

学んだこと

公平かつ誠実な商いはブランド価値を高める

これが本気の人事だ

上場までの道のり③

1977年（昭和52年）　国鉄に入社
1987年（昭和62年）　JR九州に「入社」
　　　　　　　　　　丸井で研修
1988年（昭和63年）　SL「あそBOY」デビュー
　　　　　　　　　　特急「ゆふいんの森」デビュー
1989年（平成元年）　船舶事業の準備をスタート
1991年（平成3年）　「ビートル」国際航路開設
1993年（平成5年）　外食事業に着手
1996年（平成8年）　外食の新会社を創設
2000年（平成12年）　外食会社の社長に復帰
2002年（平成14年）　東京・赤坂にレストランオープン
　　　　　　　　　　「南九州観光調査開発委員会」を発足
2003年（平成15年）　「サービスランキング」を実施

社の信条に「4S（後に5S）」を加える

2004年（平成16年） 九州新幹線部分開業を指揮

2006年（平成18年）

会社初のM&A交渉を担当

［これが本気の人事だ］

＊JR九州のすべての売り上げのなかで鉄道事業が占める割合は現在40％弱。60％超は「鉄道以外」のいわゆる関連事業が占める。これにはJR九州誕生当時からあった危機感と、「鉄道以外」に賭けた本気の人事があった。

2009年（平成21年） JR九州の社長に就任

2010年（平成22年） 農業に参入

2011年（平成23年） 「JR博多シティ」オープン
九州新幹線全線開業

2012年（平成24年） 「うちのたまご」発売

2013年（平成25年） 「ななつ星 in 九州」運行開始

2014年（平成26年） JR九州の会長に就任

2016年（平成28年） 「駅から三百歩横丁」を博多にひらく
株式上場を果たす

2017年（平成29年） JR発足30周年を迎える

つぶれないために本気で新規事業

上場までの道のり、最後の章は新規事業への挑戦について述べよう。

ＪＲ九州が発足した当初から、鉄道事業の厳しい経営状況については、当時の経営陣のみならず、すべての社員が認識していたと思う。

なんとか「鉄道以外」の事業を経営の柱にしなければならない。さもなければ、**ＪＲ九州はつぶれる**。みんなそんな気持ちを抱いていた。そして現在、当社のグループ企業は実に三十五社を数える。

ＪＲ九州の発足直前に、将来の事業の多角化を睨んで博多駅構内にベーカリーの店をつくった。同じ時期に、鹿児島駅に焼き鳥店をオープンさせた。従業員は全員当時の国鉄職員だ。後に外食事業がグループ全体の新規事業の象徴的存在となり、さらには新たな会社として急成長を果たすことになる、そのスタートであった。

ＪＲ九州発足二年後の一九八九年には、船舶事業部を立ち上げ、博多港と韓国・釜山港を結ぶ高速船の航路の開設準備に取りかかった。二年後の一九九一年に無事就航、当初は苦戦したが、のちに九州と韓国を結ぶルートの中で乗客数のシェアがナンバーワンの輸送機関となった。

ちなみに一九八九年には初の分譲マンション「MJR笹丘」の販売を開始している。

一九九二年には、ゴルフ場「JR内野カントリークラブ」を開業した。同年、博多駅前にJR九州初のホテルを開業した。ホテル事業は、一九九五年にハウステンボス前にリゾートホテル「ハウステンボスジェイアール全日空ホテル」を創業、その後も九州の主要都市に次々とホテルを開業し、今やJR九州グループの中核事業に成長した。マンション事業は近年、分譲マンションの販売戸数で毎年、九州内で一、二位を争う事業規模にまで発展を遂げている。

一九九六年には、コンビニエンスストア事業と外食事業をそれぞれ分社化し、経営基盤を固めた。

一九九八年には、JR九州初の本格的大型駅ビル「アミュプラザ小倉」がオープンした。その後、長崎駅、鹿児島中央駅、博多駅、大分駅とつぎつぎに大型商業駅ビルを開業。駅ビル事業は、鉄道事業と並ぶ経営の柱にまで成長した。

二〇〇〇年には本格的に戸建ての住宅事業にも乗り出し、やがて二〇〇六年には老人向けの介護サービス付き住居にも本格的に参入した。

二〇〇二年は、東京で初めて外食事業の店舗を展開した年である。このとき東京・赤坂に進出した「うまや」は、今日までに都内九カ所で店舗を構える。

二〇一〇年に将来の海外進出を展望し、中国に上海事務所を設置。同年、大分では農業に参入した。

未知の分野にエースを惜しみなく投入

二〇〇七年、**JR九州は創業以来初めてのM&A（合併買収）を手掛け、成功を収めた。**ドラッグイレブンという九州を拠点とするドラッグストアチェーン企業の株式を取得し、当社初の大型企業買収を果たしたのだ。このM&Aについては、当時の石原社長の指揮のもと、実質の交渉を経営企画部長だった私が担当した。当社にとっては未経験のM&Aであり、胸突き八丁の交渉の末に成就したものだったので、今なおそのさまざまなやりとりが鮮明に思い出される。

特に、この初めての仕事に私とともに挑んでくれた三人の部下の懸命な仕事ぶりには、今思い出しても頭が下がる。このときの三人とは、戦友といってもいいくらいの固い絆で結ばれた。当時新規事業担当副課長だった畑井慎司さんとその配下の木戸和崇（かずたか）さん、出田（いでた）貴宏さん。あらためて言う。

ほんとうに、ありがとう。

二〇一二年より、ＪＲ九州ドラッグイレブン株式会社となったこの会社は積極的な新規出店など順調に歩を進め、売上は年間およそ五百億円を計上。現在、ＪＲ九州グループの関連会社の中で最大の売り上げを計上、二〇一七年七月十一日には初の東京出店も果たした。

このＭ＆Ａの成功には、新規事業に対する当社ならではの人事哲学が見事に活かされた。当社の人事哲学とは、**新規事業にエースを投入**するということだ。

新規事業の成否は、会社の〝本気度〟で決まる。

企業のトップが、その事業に対しどれだけ本気で臨むかが重要だ。

トップの〝本気度〟は、その事業にどれだけの経営資源を投入するかでわかる。

経営資源とは、大きく**「ヒト」「モノ」「カネ」「情報」**の四つといわれる。

トップがその事業をなんとか成功させようとするとき、会社が持っている（持っていなければ外部から調達してもいいが）資源を惜しみなく投入する。

経営資源の中でも、**「ヒト」の投入が〝本気度〟を測るうえで一番わかりやすい。**

新規事業は、人事で決まるといえる。

社内からエースと見られている人材を新規事業に投入すると、その人物は抜群の能力と輝かしい実績の持ち主だから（傍目にそう映らないこともあるけれど）、その事業を立派にやり遂げる可能性が高い。

もしその事業がうまくいかなかったとしても、トップは「彼がやってもだめだった」と諦めがつく。

さらに、社内のその事業に対する見方が変わる。

社内の誰もが認めるエースをその事業に充てると、社内の人間は、会社がその事業を〝本気〟でモノにしようとしているのだと気づく。

会社の〝本気度〟が社員に伝わるのだ。そうなると皆、会社をあげてその事業を盛り上げなくてはいけないと考える。その事業を側面からでも応援しようとする。

逆に、エースが投入されないとなると、社内の空気は違ってくる。ひどいときには「あいつ、何か失敗したのかな。あんな事業に飛ばされて」となってしまう。当然、その事業自体は関心の的にも、大きな期待の対象にもならない。

ドラッグイレブンはどうだったか。

M&Aが成立し、ドラッグイレブンに当社から経営陣を送り込まなければいけない。その際、石原社長のおこなった人事がぴたりとはまった。

社長には、当社で最も頭脳明晰で行動力のある本郷譲取締役営業部長を抜擢。補佐役には当時の若手のエースで会社の金庫番、財務部の資金課長を務めていた森亨弘（としひろ）さんを充てた。

この人事に、社内は騒然となった。

社内の大半の人が「ドラッグイレブンには、JR九州として〝本気で〟取り組むつもりだ」と気づき、心から驚いた。

そして納得した。

サツマイモにもスーパーエースを投入

JR九州グループは、今や**鉄道事業以外の売り上げが全体の六〇パーセント**を占めるところまで、脱皮と成長を遂げた。

発足時は、せいぜい二〇パーセントほどしかなかった**「鉄道以外」の売り上げ比率が三倍**にまで拡大したのだ。

この間、鉄道事業のほうも順調に売り上げを伸ばしている。先に述べたように単純額で一・四倍となったのだ。にもかかわらず、鉄道以外の売り上げが六〇パーセントにまで達した。

JRの「本州三社」はいずれも関連事業の売り上げが今でも全体の三〇〜四〇パーセント程度だから、JR九州の関連事業への情熱の突出ぶりがよくわかっていただけよう。

JR九州はもとより、「本州三社」のように鉄道事業だけで食べていける会社ではない。鉄道事業を〝本気で〟改革するのと同じくらいの、いや**それ以上に〝本気で〟鉄道以外の事業に取り組まないと会社がつぶれてしまう**という危機感を全社員がもっていたからここまでやって来られたのだ。

〝本気度〟を示すには、人事が一番わかりやすい。

JR九州は、発足以来一貫して新規事業にはエースを投入してきた。流通事業、駅ビル事業、マンション事業、ホテル事業などの新規事業にも当時の「優秀でやる気のある若手のエース」を充てた。

ちなみに、JR九州発足直後にスタートした新規事業であった外食事業と船舶事業においてはどういうわけだか、私が「優秀でやる気のある若手のエース」として放り込まれている。（このころはまだ当社の人事哲学が確立していなかったかもしれない……）

農業に参入するときにも、この人事哲学が活かされた。

二〇一四年に立ち上げた農業会社であるＪＲ九州ファームへの転属希望を、本社内で募ったところ、多くの人が手を挙げてくれた。

普通のケースで考えるならば、グループ全体の売上で〇・一パーセントに過ぎない関連事業の農業の新会社に、「やりたい」と手を挙げて飛び込んでくる人はそれほど出てこないかもしれない。

この新会社の社長にはいきなり、当時バリバリの人事課長を送り込んだ。

当社ではさかのぼること国鉄時代から現在に至るまで、人事課長は社内で一目置かれる存在である。人事課長イコール次代のエース、そういう図式が出来上がっている。

そんな当社だからこそ、農業の新会社の社長として、当時人事課長だった田中渉（わたる）さんが選り抜かれた。結果、目論見通り、農業会社に行きたいという意欲のある若者が本社内から大勢手を挙げてくれることとなり、その選考にあたっては嬉しい悲鳴を上げるばかりであった。

ＪＲ九州は、**逆境と屈辱**をバネに、**鉄道事業の改革**と**新規事業への挑戦**に〝本気で〟取り組んできた。

それらの成長と成功の道程は、ＪＲ九州が歩んだ株式上場までの三十年間の道のりそのものといえる。

メディアの記者たちから、よく質問を受ける。

「どうして、ＪＲ九州は株式上場を実現することができたのでしょうか？」

私は、いい質問だといわんばかりに大きな声で即答する。

「〝本気度〟です。**ＪＲ九州の〝本気度〟が凄い**。〝本気〟でその気になったからです」

本書の至るところにも、〝本気〟が詰まっている。よくよく読んでいただければ、〝本気〟になれるきっかけやヒントのようなものを、拾っていただけるはずである。

九州みちゆき記
青島駅から青島へ
トロピカルにひなびている。
青島駅。クリームイエローの壁、破風はスカイブルー
青島へ向かう道は青と水色の歩道
歩道橋の桁面はビリジャン
妙な黄緑色の電柱
売店街を抜け海の中の道を通って神社の在る青島へ。
青島神社
柱や破風の朱が照返しを受けて透き通る。破風には萌黄色の縁取り
支線(倒壊除け)の張られた電柱が多い様な気がした
台風とか海風が凄いのかな…
支線
最後は駅前に戻ってうどん屋さん
巨人軍関係のサインやら写真多し
あ、松井選手だ
釜あげうどん(文字通り揚げたて)とおし鮨

「鉄道以外」の成否はヒトがすべてだった

水戸岡　未知の分野へのエースの投入。まさに唐池さんのキャリアそのものですよね。

唐池　私は、会社にもう四十年以上いるというのに**本業の鉄道事業本部には通算で六年しかいない**んです。

水戸岡　初代社長の石井さんが当時言われていたんですよね。関連事業で成功しないと本社の要職には就かせない、そんなニュアンスのことを。

唐池　それは、会社の食い扶持を考えたときに、鉄道事業ももちろん発展させなくてはいけないけれど、やはり「鉄道以外」で採算がとれるようにしておかなければ、という強烈な危機感が言わせていたんですよね。私はいわば、**危機感の申し子**だったんです。危機感ゆえの船舶事業、外食事業、そしてM&A交渉、農業参入、まちづくり……JR九州グループ全体としては、鉄道以外のいわゆる関連事業に力を入れることによって企業の体力をつけてきたわけですが、私は危機感に導かれてさまざまな仕事に携わるうちに、それらがすっかり楽しく思えてきてしまった。楽観的なわけではない。どこかのメディアで他のJR五社とともに当社の幹部役員がインタビューに答えていて、自分の会社のことを**「吹けば飛ぶよな」**と唯一形容していた。でももちろん卑下しているわけでなく、いつでも基本に立ち返る姿勢を確認しているということです。私も今回わざわざ強い表現で書いたけれど「逆境と屈辱」を感じた気持ちは今でも忘れないぞ、とね。

水戸岡　そういう思いのなかで、ずっとチャレンジングな事業を展開してきた会社だから、私も思い切り自分のデザインをぶつけてきたし、この道のプロとして圧倒的な力量と知識をJR九州の皆さんに提示しなくては、と必死で力を注いできました。「吹けば飛ぶよな」のニュアンスに似た、**「失うものはない」**という思いは、私も何度となく皆さんから感じています。

唐池 その割には水戸岡さんはずいぶん私のアイデアやネーミングを突っぱねられて……（笑）。いやいや、新規事業に投入しているエースたちにもぜひ、水戸岡さんのような才覚溢れる外部の方々と、私のように数々のバトルを経験してほしいですね。

水戸岡 私は唐池さんとの仕事の記憶では、えっ!?というような無理難題やあとずさりしてしまうようなリクエストや寸前での変更の記憶が強く残っていますが（笑）、一方でおよそ他では受け入れられないような提案も呑み込んでしまう唐池さんのようなリーダーがまた現れるとJR九州はもっと強くなる、と思っています。

唐池 私を軽々と超えるようなリーダーを楽しみにしたいですね。宴会では私をイジり倒す社員とか、半ば無断でプロジェクトを進めて事後報告で私を驚かせる社員も数々いますが（笑）。いつも言うことですが、元気、気迫、気力、そして本気といった「気」に満ち溢れ、職場を明るく前向きに盛り上げるリーダーがどんどん出てくるといいですね。

水戸岡 さらにいうならば、**クリアな言葉で希望、理想を伝えてくれる**唐池さんのようなリーダーですね。そうしたら私のような立場の人間が、形として具体化することができる。

唐池 そこに新たな感動が生まれて、みんなを巻き込んでいけたら、会社も地域もまちもまた強くなれます。

学んだこと

新規事業の成否は、ひとえに「ヒト」にあり

農業をはじめた動物記

1977年（昭和52年）国鉄に入社
1987年（昭和62年）JR九州に「入社」
1988年（昭和63年）丸井で研修
1989年（平成元年）SL「あそBOY」デビュー
1991年（平成3年）特急「ゆふいんの森」デビュー
1993年（平成5年）船舶事業の準備をスタート
1996年（平成8年）「ビートル」国際航路開設
2000年（平成12年）外食事業に着手
2002年（平成14年）外食の新会社を創設
2003年（平成15年）外食会社の社長に復帰
東京・赤坂にレストランオープン
「南九州観光調査開発委員会」を発足
「サービスランキング」を実施

2004年（平成16年）	社の信条に「4S（後に5S）」を加える
2006年（平成18年）	九州新幹線部分開業を指揮
2009年（平成21年）	会社初のM&A交渉を担当
2010年（平成22年）	JR九州の社長に就任
	農業に参入

［動物記］

＊JR九州第3代社長が唱え始めたことを端緒として同社は農業に参入。第4代社長としてこの新たな事業に取り組んだ唐池恒二は、大分県と連携を深めながら社のエースたちを惜しまず投入。投入されたエースたちと動物たちはサツマイモをめぐり、激しい攻防を繰り広げる……。

2011年（平成23年）	「JR博多シティ」オープン
	九州新幹線全線開業
2012年（平成24年）	「うちのたまご」発売
2013年（平成25年）	「ななつ星 in 九州」運行開始
2014年（平成26年）	JR九州の会長に就任
2016年（平成28年）	「駅から三百歩横丁」を博多にひらく
	株式上場を果たす
2017年（平成29年）	JR発足30周年を迎える

農業と鉄道には本質的に通じるものがある

同じ会社で働き続けて得た、最も大切なものは何だろう。それはやはり「ヒト」との縁か。

前著『鉄客商売』の出版から二カ月経った二〇一六年七月、大分県の広瀬勝貞知事から手紙が届いた。

拙著の読後感想を簡潔にしたためてくださったものだ。こちらが思わず恐縮してしまうほどに褒めていただいた。広瀬知事らしいウィットとユーモアに富んだ言葉で綴られていて、読みながらくすっと笑ってしまう。

あまりに愉快だったので（広瀬知事に無断で）原文のまま紹介してしまおう。

＊　＊　＊

唐池　恒二様

『鉄客商売』拝読しました。

上梓されるや義理半分、冷やかし半分で買ってみましたが、日本版ドラッカーの出現かと思われる堂々たる経営哲学の展開に「参った」です。

それもわかりやすく経緯を述べて、心にもなく謙虚に「このころ学んだこと」と結んでいるところがニクイ。

何しろ「坐来(ざらい)大分」でご指導頂いた方の著書ですから、関係者に薦めていましたが、最近は逆にいろいろの方から薦められたり、本を送ってもらったりです。

大変好評ですが、浮かれて作家に転向などと言わないでください。

広瀬勝貞

＊　＊　＊

「義理半分、冷やかし半分」が面白い。「日本版ドラッカー」のところは少々こそばゆい。「心にもなく謙虚に」あたりが広瀬知事一流の人間観察眼か。私という人間の心の中をちょっと見透かされた気がする。それこそニクイ。

「坐来大分」というのは、東京銀座にある、大分の食材を使ったレストラン。広瀬知事の肝煎りで大分県の情報発信拠点、いわゆる県のアンテナショップを兼ねた店舗として二〇〇六年につくられた。開業にあたって、私も少しばかりお手伝いをしたことをしつこく、いやいや、忘れずに覚えていてくださっていたのだろう。

それにしても、行間に溢れる心配りには頭が下がる。

広瀬知事には、それまでも頭の上がらないことばかりだった。

ＪＲ九州が二〇一四年にＪＲ九州ファームという新会社を興し、農業に本格参入することができたのも広瀬知事の力に負うところが少なくなかった。

ＪＲ九州の社長に就任する二年ほど前、二〇〇七年ごろから私は農業参入についての勉強をはじめていた。前任の社長でいらした石原進さんが農業に大きな関心を示していて、当時経営企画部長だった私はその熱い思いを受け止める立場だった。

二〇〇九年に社長に就任した後も、さらに社内のいろいろな場で、農業参入の夢を説いてまわった。そのころにはもう、私の農業への意欲は、言い出しっぺの石原さんよりも強くなっていたかもしれない。

鉄道会社のＪＲ九州が、なぜ農業の世界に足を踏み入れるのか。

大きな理由が三つあった。

理由その一。

「九州は農業王国」といわれるものの、その実態はあまりにも寂しく嘆かわしい。列車や車で九州各地を見てまわるとよくわかる。近年、耕作放棄地が続出した経過そのままに、荒廃したかつての田畑が次々と現れる。各地で営農者が高齢化し、後継者が不足しているのだ。

九州を主な活動の舞台とするＪＲ九州として、そうした状況にただ拱手傍観していていいのか。**休耕田が生き返り、九州の農業が元気になるよう、そして地域が元気になるように**お手伝いをしていかなければいけないはずだ。

幸い、九州のほぼ全域に鉄道のネットワークを持ち、社員やＯＢが九州各地に住んでいる。そういった力を活かせば、わずかながらも九州の農業の活性化に貢献できるのでは。そう考えた。

理由その二。

ＪＲ九州は、九州の観光振興の一翼を担っている（と勝手に思っている）。その立場から、暗黙の社是ともいうべきか、日本の美しい田園風景を守りたいとの思いが強い。

列車の窓から眺めると、九州の自然風景は魅力に富んでいる。

里山や棚田、一面に広がる水田など、日本の誇る本来の農村風景は観光の面から見ても大切な資源だ。このところ、昔ながらの日本の美しい田畑の眺めが、休耕田が増えることによって損なわれつつある。**日本の美しい風景を守る**ためにも農業のお手伝いをしたい。

理由その三。

何より、農業はＪＲ九州にとってなじみやすい。

仕事の本質において、**農業と鉄道には通じるものがある。**共に、**毎日こつこつと手間をかけることでよりよい成果を得ることができる。**

手間をかけてつくった農作物は、収穫効率も高まり市場でも高い値段で取り引きされる。

鉄道会社も、列車の運行や線路・車両などの保守において手抜きのない仕事を徹底することで、安全なインフラをつくり上げる。ひとつひとつの駅も、手間をかけ、きちんと掃除をおこない、設備やサービスを整えることで、お客さまから支持される地域のスポットとなる。

手間をかけること。それを毎日誠実に継続していくこと。農業にとっても鉄道にとっても、これほど重要なことはない。

「農業」という夢を念仏のように唱える

二〇〇九年の社長就任当時、企業の農業参入にあたっては、まだまだ規制が厳しく、農家の方々からの警戒心も小さくなかった。各地で交渉に奔走したものの、具体的に農業に参入できるところまでなかなか話が進まずにいた。

しかし、二〇〇九年も暮れようとするころ、大分から一報が入った。

「大分で農業がやれそうです」

広瀬知事が、公式の場でJR九州の農業参入に強い関心を示されたという。

吉報を伝えてくれたのは、大分に拠点のある分鉄開発というJR九州のグループ会社の社長だった秋吉健一さん。

分鉄開発は、駅業務の受託やファストフード店の運営を大分地区で担っていた会社で、本来は農業と関係が薄かった。しかし、当時の私はことあるごとに「農業、農業」と念仏のように唱え続けていたものだから、グループ会社の社長の中でも、何人かのカンのよい人たちが農業に強い関心をもつようになっていた。中でも秋吉さんはその筆頭格で、本気で農業のことを考えてくれた人物だ。ＪＲ九州のＯＢで、現役時代は地域のエース格として、大分地区最大の駅である大分駅の駅長まで務められた。その当時六十五歳だったが、スポーツマンらしく健康的に日焼けした端正な顔立ちとすらっとしたカモシカのような立ち姿は、十歳は若く見えた。

ずっと後のことだが、当時の大分県の農業振興の担当課長だった岡本天津男さんが、吉報に至る経緯を教えてくれた。

「広瀬知事は、ＪＲ九州が農業に参入することを大変喜んでいました。『できる限りＪＲ九州の農業を応援するように』と、我々は毎日のように発破をかけられていたんですよ」

岡本さんは知事の信任も厚い人材で、その後知事室長にも抜擢された行政マン。やはり、若いころはサッカーに没頭したという根っからのスポーツマンで、大柄で引き締まった体はやはりカモシカを思わせた。

秋吉さんと岡本さんの二人は、姿形も似ていてスポーツ好きということで互いにどこか気持ちが通じたのかもしれない。

何より、**農業が地域にもたらすものの大きさ**を共有してくれていた。

秋吉さんと岡本さんの話し合い、すなわち分鉄開発と大分県の協議はとんとん拍子で進んだ。

大分県の紹介で大分市郊外の三・五ヘクタールの広い農地を借りることとなり、大分からの一報の翌年、二〇一〇年五月に最初の作物として大分県イチ推しの指定作物でもあったニラの栽培をはじめることとなった。さらに、大分県は「ニラ博士」との異名を取るＪＡ大分のニラ部会長の村上潔さんをＪＲ九州のニラ栽培の先生役に付けてくれた。

（そんな博士がいたとは……）

県との交渉と並行して、ニラ栽培の責任者の人選が進められた。分鉄開発が運営するファストフード店の店長、白坂義則さんが選抜された。実際、その後のニラ栽培の成功をみると、秋吉さんの人選がいかに正しかったかがよくわかった。見事な滑り出しだった。

自然は敵にも味方にもなる

ニラの苗の定植が終わった二〇一〇年六月、分鉄開発の社長が、秋吉さんから替わることになった。

当時のJR九州のグループ企業の社長は六十五歳で退任するという不文律があり、やむを得ず農業参入の功労者だった秋吉さんに退いてもらうことになったのだ。

しかし、大分ではじまった農業の火を消すわけにはいかない。カモシカのような秋吉さんが開拓した大分での農業をさらに大きく発展させなければいけない。

農業の拡大。その夢にがむしゃらに突き進んでくれそうな人を、秋吉さんの後任に据えた。森勝之さんだ。JR九州発足五年目（一九九一年）に入社した幹部候補生で、一二〇キロ超の巨体に似合わずフットワークがいい。

森さんも、秋吉さん同様に大変熱心に農業に取り組んでくれた。ニラの初めての収穫のときは、私も大分に駆けつけ、森さんとともに収穫祭を祝った。

ニラの初収穫のころから森さんはそれ以前にもまして、戦車、いやどちらかというとイノシシのごとく動きはじめた。

巨体を揺すりながら前へ前へ、猪突猛進、次の作物の準備にとりかかった。

サツマイモだ。

大分県やJAの協力もあって、サツマイモの栽培についても農地の確保や栽培技術の習得が順調に進んだ。耕作地は葉たばこ栽培を廃業した農家とその農地を対象として進めた結果、大分県臼杵市に約三ヘクタールを確保することができた。森社長が就任して二年後の春、サツマイモの定植にまでこぎつけた。

このころになると、大分地区のイノシシのごとき突進力に刺激されたのか、本社の農業推進チームの仕事にも勢いが出てきた。福岡県飯塚市で鶏卵の生産をスタート、熊本県玉名市でトマトの栽培を手掛けるところまできた。

ＪＲ九州、動物たちから大いに学ぶ

しかしながら、参入前からある程度は予想していたが、**農業の難しさ、奥深さが少しずつ見えてきた**のも、またこのころだった。

農業は大自然の力に翻弄される。集中豪雨で田畑が流される。台風がやって来ると実りが吹き飛ばされて台無しになることもある。日照りが続くと作物が枯れていく。雪や霜にも弱い。気温が上がると、害虫が多発する。

自然との闘い。

「闘ってはいけません。自然と闘って勝てるわけがありません。**自然と折り合いをつける**のです」

ベテランの農家の方は、悟りの境地にあるかのように私を導こうとしてくれるが、なかなかすぐにそういった気持ちになれるものではない。

（どう考えても農業は自然との闘いだ）

闘いの中で、我々農業の新参者が一番びっくりさせられたのが、獣害だった。気象の変化により、農作物がさまざまな影響を受けることにはそれなりの覚悟はしていた。だが、野生動物による被害の大きさは想定外だった。

ニラのときはそれほどの獣害は発生しなかった。

サツマイモの栽培がはじまると、動物たちは「待ってました」とばかりに動きだした。

サツマイモの苗が伸びはじめると、最初にシカが現れた。

夜行性のシカは夜になるとエサを求めて下山してくる。芋畑に無断で（当たり前か）侵入し、慣れた〝手つき〟で（といっても手を使うわけではないが）、伸びはじめた芋の蔓や葉っぱをむしゃむしゃと食べてしまう。

森さんは県の専門家とも相談し、シカの〝無断〟侵入対策を講じた。

まず、畑の正面には「関係者以外立入禁止」の看板を掲げた。

（……）

畑のまわりには、柵を設置することにした。しかも、シカも飛び越せないような高さの柵にした。柵は数日後に完成し、森さんはひとまず、ほっと安堵の息をついた。

はたして、高めの柵は、最善の策ではなかった。

「畑にやってくるのは、シカしかいない」

森さんの思い込みは甘かった。シカ以外もいたのだ。

（駄洒落が続くが、私は事実を記しているに過ぎない）

柵の設置後しばらくして現れたのがイノシシだ。

（これは本物のイノシシ。森さんではない）

高めの柵は、イノシシには無力だった。イノシシが自慢のとんがった鼻先をドリルのように差し込み、柵と地面の間をくぐってくるのだ。

なんと**傍若無人**な。

獣にそれを言ってもしようがないのは当たり前だが、当時の私たちの心境を表すとしたら、まさにこの四文字熟語だったのだ。

再び県の専門家のアドバイスを受け、イノシシのトンネル掘削という〝傍若無人〟な行為に対する手段を講じた。

イノシシが中に進めないように、人もイノシシもふれると「痛っ！」と感じるくらいの電流を流した柵を、地面すれすれまで張りめぐらすことにした。

これで、シカもイノシシも大丈夫。飛び越せないし、地中に潜れない。

森さんも今度こそひと安心、と思いきや。また新たな無法者が現れた。

サルだ。

サルは、シカやイノシシ、そして森さんの上手を行った。ひょいひょいといとも簡単に柵を乗り越え、畑に降り立ち、手でサツマイモを引っこ抜いて人間のようにむしゃむしゃと食べる。

ある朝、森さんたちが畑に行くと、十数頭のサルが柵の上に並んで座り、人間たちを嘲笑うように手に持った芋を食べていたという。

ちなみに、サルの数え方は「匹」と「頭」のどちらを使ってもいいらしい。あえて区別するなら、思考能力のある人間と対等な生物としてとらえるときは「頭」を使ったほうがいいようだ。芋畑のサルたちには、まさに「頭」が適当と言えた。

森さんたちが、「こらっ」と大声で怒鳴ると、サルたちは柵から飛び降り一目散に逃げていった。森さんたちは追わなかった。

（さるもの追わず、と言いたいわけではない。ただ事実を記している）

その後、ロケット花火を駆使してみたり、サルとはかなりの攻防をくり広げることになったが、百パーセントの対策には至らなかった。

自然と闘わず、折り合いをつけるのもまた農業。私たちは動物たちから大いに学んだのだ。

動物たちとの駆け引きはその後も続いたが、サツマイモの収穫は初年度にしては、まずまずの量となった。

翌シーズンは、獣害対策も万全に処置し、天候にも恵まれた。収穫量の大幅な増加に期待がもてた。

実りの秋。期待を込めて、関係社員総出で収穫をおこない、厳正なる計量をおこなった。

結果、一年目よりは確かに大きく収穫を伸ばしたが、期待したレベルには至らなかった。

（どうしてなんだろう？）

本社に収穫の報告に来た森さんの顔をまじまじと眺めた。以前に、森さん自身が自分の大好物について語っていたことを思い出した。

「サツマイモが大好きなんです」

（まさか……）

現在は夢の黒字化へ邁進中

三年目のサツマイモの苗の定植を終えたところで、森社長は二〇一二年六月に転勤となった。ＪＲ九州本社の広報室長への栄転だ。

分鉄開発の後任社長には事業開発本部の課長だった大神健二さんが就いた。大神さんは、森さんより一年後輩に当たり、福岡ＪＣ（青年会議所）のメンバーとして大活躍した経験をもつ若手のエースだ。聞くと、それほどサツマイモを好んで食べるほうではないらしい。

定植から半年、サツマイモの収穫は前年よりも飛躍的な増加を遂げた。たぶん、森さんの転勤とは全く関係がない（と思う）。

じつはこのサツマイモ、「紅はるか」という高糖度の品種なのだが、はじまりは先述のように甘くない出発だった。自然災害や獣害への対策の地道な積み重ねにより、現在ではこの臼杵市の農場で年間約百二十トンの生産量を得るに至り、大分県独自の「甘太くん」という愛称と共に、全国でどんどん認知度を高めつつある。

二〇一四年には、複数の農業関連会社と農業生産法人をまとめる形で、ＪＲ九州ファームという新たな会社が発足した。現在は九州五県に農場を持ち、ニラ、サツマイモに加え、ミニトマト、かんきつ類と十種以上の果樹や野菜を栽培する。

先日も現在の同社社長である田中渉さんのことを「なかなかつかまらないな……」と思っていたら、数日経って「甘太くんの定植作業をしていました！」と元気な声で連絡が入った。社長以下全員で、この会社もまた**本気で夢の黒字化**に突き進んでいる。

農業をはじめたとき、まずシカが登場し、次にイノシシの出番となり、しんがりはサルだった。

そういえば、大分の農業の開拓者の秋吉さんがシカのようにすらりとした人だった。次の森さんはまさしくイノシシだ。と考えていくと、なるほど大神さんは、うーん、似ているな。

皆までは言わざる。

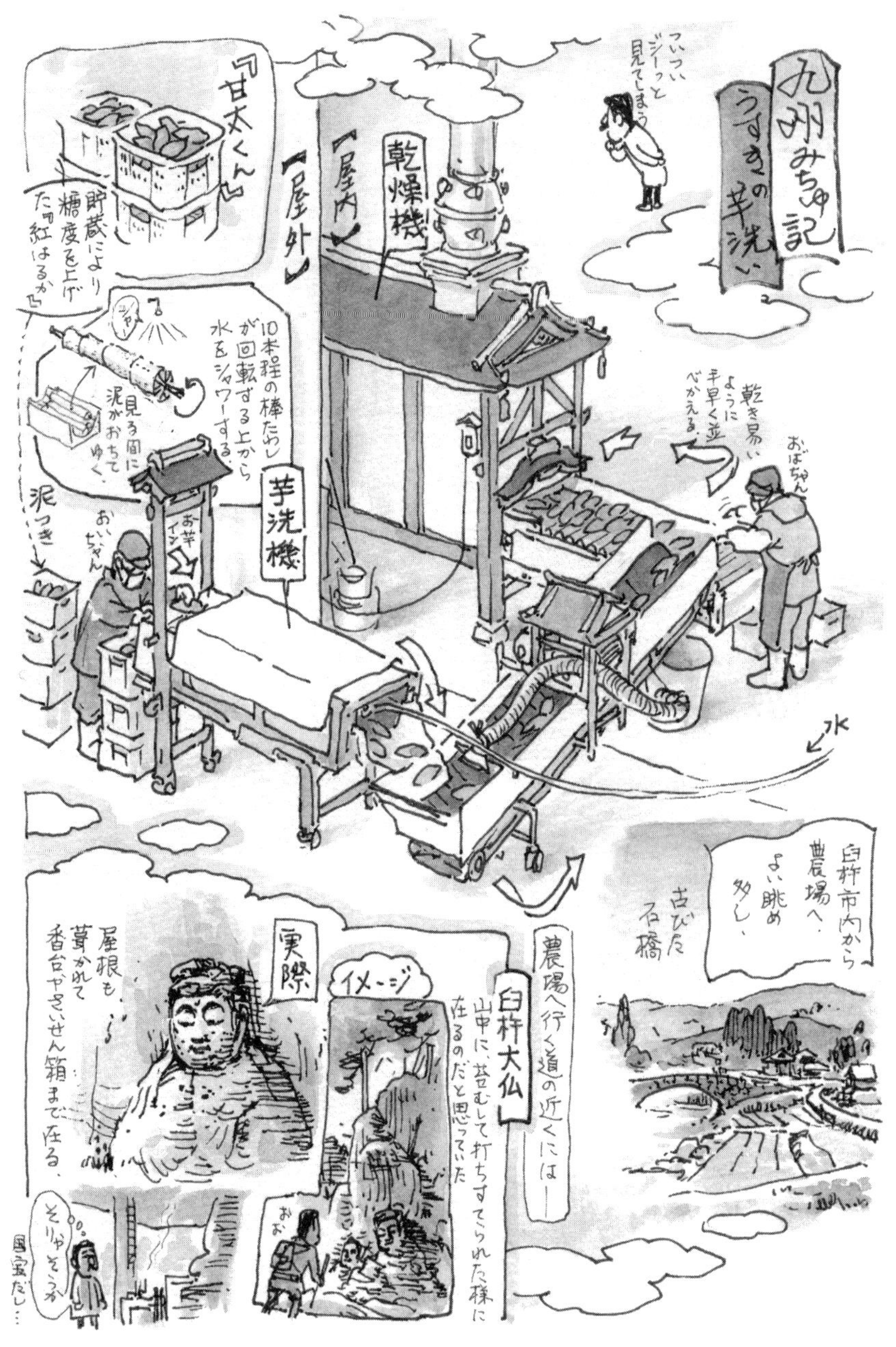

九州みちゅ記
うすきの芋洗い
ついつい
ジーッと
見てしまう
乾燥機
『屋内』
『屋外』
『甘太くん』
貯蔵により
糖度を上げた
『紅はるか』
10本程の棒たわしが回転する上から水をシャワーする。
見る間に泥がおちてゆく
泥つき
おいちゃん
お芋イン
芋洗機
乾き易いように手早く並べかえる。
おばちゃん
水
臼杵市内から
農場へ。
よい眺め
多し、
古びた石橋
農場へ行く道の近くには——
臼杵大仏
山中に、苔むして打ちすてられた様に在るのだと思っていた
イメージ
おお
実際
屋根も葺かれて
香台やさいせん箱まで在る、
そりゃそうか
国宝だし…

唐池恒二×水戸岡鋭治
本音で申す

もっと農業にデザインを

水戸岡　デザイナーの目で見ると、日本の農林水産業は、そのビジネスにデザインが入り込む余地が限りなく広がっている分野。というか遅れているんですね。ヨーロッパでは見事にデザインを取り込んだ農林水産業がさまざまなチャンスを創出している。

唐池　私が農業に手を伸ばし始めたきっかけは、もともと当社三代目社長の石原さんが言い出したからなんですけど、じつは途中で、水戸岡さんのそういうお話も聞いてますます思いを強くした。確かに、我々が鉄道事業にデザインを持ち込んだと同様に、**農業にもデザインを持ち込みたい**場面がいっぱいある。アイデアがどんどん湧いてくる。人の暮らしに欠かせない食べるものを作るという過程において、また何か新しいものを作りたくなってしまう。

水戸岡　例えば英国などは王室が牽引するかたちで、じつにカッコいい農業を実践している。デザインが次々に加わり、農具からショップなどの建築物に至るまで本当におしゃれ。人々が思わず寄っていって、触りたくなって、買いたくなる。そういう雰囲気まで作り出している。**農業はまさにものづくりの基本**であり、その創出と成長をどんどん促す源ですよ。

唐池　よく考えてみると、昔の庄屋さんの建物やそのたたずまいなんて本当にいい。皆が近寄りたくなるデザインだから、最新のレストランやショップでも庄屋さんの建築を移築してそのまま使ったり、モチーフにしていたり。日本にも元々は、そういう農業デザインがちゃんとあったんですよね。

水戸岡　農林水産業には、周囲を巻き込みながら**経済を牽引していく無尽蔵のポテンシャル**があると、私は思っています。そしてJR九州には、そういう気運を生み出す力と可能性がまたあると思う。

唐池　当社のグループ会社であるＪＲ九州ファームはまだそのスタート地点に立ったばかり。私が初めて取り組んだころの外食事業と同じで、**今の夢はまず黒字化**です。その夢が叶ったら、次の夢をトップが描ける。きっとデザイン性に富んだカラフルな夢となるでしょうな。

水戸岡　デザインの仕事を始めたときには、ヨーロッパをはじめとするクルマのデザインが大いに学びの対象となりましたけど、ここまで仕事をしてきた自分の目で見ると、農林水産業にデザインを加えることで得られる価値は、クルマの比ではありませんね。田園都市を造らなくちゃ。**農業の場を、五感に心地よいまちに、都市にするる**んです。唐池さんならできそうな気がするけどなぁ。

唐池　当社グループの農業事業はまずは黒字化です、黒字化。しかし確かに、現代の日本の農業を見ていると……もっと手を入れたい。時間も労力も仕事のスタイルもロスが多くてもったいない。そう思うがゆえに夢を描いてしまうところは大いにありますね。

学んだこと

農業はすべてのものづくりの源

人はどうあがいても、大自然には敵わない

或る仕事論

競争は力なり

1977年（昭和52年）
1987年（昭和62年）
1988年（昭和63年）
1989年（平成元年）

1991年（平成3年）
1993年（平成5年）
1996年（平成8年）
2000年（平成12年）
2002年（平成14年）
2003年（平成15年）

国鉄に入社
JR九州に「入社」
丸井で研修
SL「あそBOY」デビュー
特急「ゆふいんの森」デビュー
船舶事業の準備をスタート
「ビートル」国際航路開設
外食事業に着手
外食の新会社を創設
外食会社の社長に復帰
東京・赤坂にレストランオープン
「南九州観光調査開発委員会」を発足
「サービスランキング」を実施

社の信条に「4S（後に5S）」を加える

2004年（平成16年）　九州新幹線部分開業を指揮

2006年（平成18年）　会社初のM&A交渉を担当

2009年（平成21年）　JR九州の社長に就任

2010年（平成22年）　農業に参入

2011年（平成23年）　「JR博多シティ」オープン

本章　**【競争は力なり】**

＊役員時代、社長時代にたびたび経済誌などに取り上げられた「唐池マジック」。その仕事術と持論にはさまざまなものがあるが、代表的なひとつが対決型マーケティング。「JR博多シティ」オープンの折にはビール会社を競わせる画期的なレストランを展開。

九州新幹線全線開業

2012年（平成24年）　「うちのたまご」発売

2013年（平成25年）　「ななつ星 in 九州」運行開始

2014年（平成26年）　JR九州の会長に就任

2016年（平成28年）　「駅から三百歩横丁」を博多にひらく

株式上場を果たす

2017年（平成29年）　JR発足30周年を迎える

武道も祭りも競い合う気持ちから得るものがある

学生時代、柔道部に所属し毎日道場で稽古に打ち込んだ。勉学なんかそっちのけで柔道に没頭したものだ。厳しいとか辛いとか、感じたこともときどきはあったが、それでも柔道の鍛錬に精を出した。

なぜか。

目標があったからだ。「試合で勝つ」という、単純だがすべてのスポーツ競技に共通する目標があったからだ。また、まわりの同級生や先輩たちにも勝りたいと思う強い気持ちがあったからだ。

目標がなかったら、競争意識がなかったら、高校、大学と通算七年もの間、汗臭い道着を身にまとい、暑い真夏の合宿も厳寒の朝の寒稽古も一日も休まず練習を続けることはできなかっただろう。

ほんとうは、たまには休みたいと思ったこともあった。ひょっとすると休んだことを都合よく忘れていることもあるかもしれないが（！）何はなくとも**競争に勝ちたいという欲**が日々の鍛錬へと私を駆り立てた。

欲があったからこそ、少しずつ柔道も強くなっていったと思う。

福岡・博多の祭りといえば博多祇園山笠。毎年七月一日から十五日にかけて開催される、博多を代表する祭りだ。全国津々浦々でいろいろな祭りを見てきたが、この山笠ほど感動し、興奮させられるものはない。

とりわけ圧巻は、十五日早朝におこなわれる追い山だ。博多のまちを区域ごとに分けた七つのグループ（「流れ」という）の若者たちが、「舁(か)き山」を担いで決められたコースを巡行する。それぞれの流れは、きれいに見事に美しく、神への奉納を果たそうとする。結果として、その成果はタイムとなっても表れる。ただし表彰などは一切ない。

本来の趣旨があくまでも奉納であり、競争ではない。しかし七つの流れの者たちは、美しさ、見事さ、そしてまとまりや統制に導かれるタイムもまた誇りとする。

七つの流れは、**ほかの流れとも競うし、過去の自分たちや先輩たちとも競う**。

競った姿がそのまま、神に捧げられしものとなる。

だから、山の担ぎ手たちの顔は緊張感に満ちて真剣なのだ。その真剣さが見ている人たちの胸を打ち、大きな感動を与える。

ＪＲ九州も毎年、伝統ある東流(ひがしながれ)に参加していて、博多というまちの歴史と文化に関わりながら、ほかに負けないまちづくりに共に取り組んでいる。

東と西の鉄道比較

関東と関西の私鉄を比較してみる。

現在は、輸送サービスにおいて両者の差がほとんどなくなった。三十年ほど前にさかのぼると、そのころには歴然とした違いがあった。

車両の冷房化率をみると、一九八〇年代前半までは、関東私鉄主要七社の車両冷房化率は平均で五〇パーセント超。一方、関西私鉄主要五社のそれは、当時ですでに七〇パーセント超、阪神電鉄に至っては一九八三年に一〇〇%冷房化を達成していた。

関西の各私鉄は、当時からデザイン性の高い新型車両の投入でも競い合っていた。中でも、阪急と京阪の意気込みは相当なものだった。特に、いわゆるマルーンカラー（栗色）の光沢を施した阪急の車両は乗客からもおしゃれだとして人気が高かった。

関東の私鉄は、当時は概してデザインについてそれほど意識が高くなかった。軽量性や堅牢さを重んじる方向性がそのまま目に触れる格好になっているのかもしれないが、デザインという意味では、一部の例を除き、じつは今も非常に物足りない（失礼！）。

運賃についても、関東と関西ではだいぶ違う。かつて全国の私鉄は、概ね横並びで運賃値上げをしてきた。しかし、関西では、特に大阪〜京都間の阪急VS京阪、大阪〜神戸間の阪急VS阪神が、互いに相手を意識した競争を行い、運賃値上げについては極力抑えつつ激しい競り合いを続けた。

阪急などは今から遡ること五十年前、一九六七年に世界初の自動改札機を導入している。

こうした私鉄における関東と関西の違いはどこから来るものだったのだろう。

それはひとえに、競争、それも激しい競争の有無によるものだったと思う。

関西の中でも、特に阪急と京阪が大阪〜京都間で、阪急と阪神が大阪〜神戸間でそれぞれほぼ並行に路線を持ち、同じエリアのマーケットで競り合っていた。それぞれの区間で、二つの電鉄会社が乗客獲得合戦を続け（阪急は両区間で）、サービス面でも互いに切磋琢磨する格好となっていたのだ。

それは車両についても運賃についても同様で、各社間で**競争意識をむき出しにした経営がおこなわれてきたことにより、輸送サービスのレベルが上がっていった**。他の関西の私鉄も引っ張られるように輸送サービスの向上に努めるようになった。結果として、関西の私鉄は、関東の私鉄以上にレベルを高めていったように思われる。

関東の私鉄の場合は、路線が並行ではなく放射状に延びたり、交差していたりと、関西ほどの熾烈な競争条件下にはなかった。あるとすれば、公営の地下鉄や〝準国営〟の国鉄との競合だった。当時の東京の地下鉄は今ほど商売熱心ではなかった。

国鉄に至っては、個人的な実感としては、私鉄からライバルとは認められていなかったように思う。

国鉄の中にあっても、社員たちの間から私鉄と競争しようなんて気持ちはほとんど感じられなかった。

関西でも、大阪～京都間には国鉄の東海道本線（新幹線ではない）が走っていたし、大阪～和歌山間には南海電車と並行して国鉄の阪和線があり、一部でスピードアップという形の輸送サービス向上の動きも見られたが、少なくとも激しい競争と呼べるレベルにあるとは誰の目にも映らなかっただろう。

国鉄の成り立ちからして、民間と競うといった発想はありえなかった。

今は違う。

三十年前に国鉄が解体され、新しく民間会社として、国鉄を意味するＪＮＲから〝National〟を抜いたネーミングを課されたＪＲ（Japan Railway）が誕生した。

全国のＪＲ各社は、国鉄時代に私鉄との競争にほとんど無関心だったことを反省し、会社発足後は収益をアップすべく、新型車両を続々と投入するなど、猛烈なスピードで私鉄のサービスを追いかけた。

大阪〜京都間では、阪急と京阪に加えてＪＲが戦線に加わり、競争がより激しくなった。大阪〜和歌山間では、これまで無風状態だったのが、ＪＲと南海のサービス競争がはじまった。関東では、ＪＲと共に地下鉄勢も戦闘集団に変身し、ＪＲ、地下鉄、そして私鉄の三つ巴の戦いが繰り広げられるようになった。

関東や関西以外でも動きが出てきた。名古屋では名鉄とＪＲ東海が通勤客の獲得競争に目の色を変え、九州・福岡では老舗の西鉄に向かって、ＪＲ九州が胸を借りる格好ではあるが、競り合いを挑むことになった。

全国各地で、鉄道会社間の競争が激しくなっていった。**競争が激しい地域ほど、輸送サービスが充実し、レベルアップ**していく。

その結果、該当する地域の鉄道の乗客数が全体として伸びていった。

アサヒvsキリン、博多の戦い

十数年前、JR九州鉄道事業本部の営業部長のときに、ある観光キャンペーンを展開した。大分県対鹿児島県の**対決型キャンペーン**。

コマーシャルやポスターのキャッチコピーもお客さまに語りかけるようなものにした。

「大分と鹿児島、あなたはどっちに行きますか?」

従来のこの種の観光キャンペーンは、たいてい目的地がひとつの地域や都市となっている。「ディズニーランドの旅」だとか、「京都に行こう!」だとか。ディズニーや京都のように目的地に抜きん出た魅力があればそれはそれで成立する。いきなりこちらから「熊本に出かけよう!」「長崎を満喫する旅」などと一方的に無理やり、それほど行きたくもない目的地を限定してキャンペーンをおこなったとしてもお客さまの反応は鈍い。主催者側の自己満足に終わってしまうことがよくある。

ところが、対決型だとお客さま自身に選択権がある。大分にも鹿児島にもそれほど興味がない人でも、「どっちにしますか?」と問われると「どっちにしようかな」という心理になる。

また、大分県と鹿児島県の両県にとっては、**互いに負けまいと地域の魅力づくりに励む**ことになる。競争原理が働くから、それぞれの地域の魅力に磨きがかかる。

二〇一一年三月に開業した博多駅ビル「ＪＲ博多シティ」は、九階と十階がレストランフロアになっている。開業の約一年前、ＪＲ九州の外食事業の子会社であるＪＲ九州フードサービスが十階にビアレストランを出店することが決まった。提携するビール会社を選定するため、同社取締役となっていた（前著から何度となく登場する〝銭形のとっつぁん〟こと）手嶋繁輝さんが、当時ＪＲ九州の社長だった私のところに相談に来た。

「今、ビアレストランに力を入れているのはサッポロだけですから、サッポロと組もうと思います」

「それはおかしい。博多駅は福岡県。福岡県内に工場のあるアサヒかキリンにしたほうがいいじゃないですか」

「アサヒもキリンもそれほどビアレストランに熱心な社風ではないのですよ」

「じゃあ、**アサヒとキリンの両方と組めばいい**じゃないですか」

「両方ですか」

「そう、**二つのビール会社がひとつのビアレストランで競い合ってビールを提供する。**全国でも珍しい企画となりますよ」

「競争ですか」

「そう、競争です。アサヒとキリンに毎日一番新鮮で美味しい生ビールを納入してもらえばいい。競争となれば、両社とも腕によりをかけていいものを持ってきてくれると思います」

「なるほど、面白くなりそうですね」

「店名は、アサヒのAとキリンのKをくっつけて『A&K』でどう?」

「いいですね!」

いつの間にか、手嶋さんのほうが私以上に乗り気になっていた。

「いっそのこと、その日売れた生ビールのジョッキの杯数を会社別に店の入り口に貼り出したらどうですか?」


実際に営業がスタートした初日から、一日単位でなく一時間単位で両社の杯数を入り口の掲示板に貼り出した。

「七時までに出たジョッキの数、A社○○杯、K社○○杯」

両社の営業マンには、きつい競争になったかもしれない。

アサヒもキリンも、競い合ってその時期の一番旬で人気のビールをこの店に持ってきてくれるようになった。

店の従業員は、社員もアルバイトも当日出勤してきた時点で二つのグループに分かれる。アサヒ、キリンそれぞれの社名ロゴの色に合わせて、アサヒ担当になった従業員は青色のユニフォームを、キリンの担当になった者は赤いユニフォームを、それぞれ着用する。青い色の従業員は、アサヒビールだけをお客さまに売り込む。赤い色は、キリンビールだけをお客さまに薦める。**従業員同士で競い合う**のだ。

開店して何日かすると、アサヒを好む人たち、つまり住友グループの福岡支社に勤める人々がどかどかっと店にやってきて、アサヒの生ビールばかりを注文して気勢を上げる。翌日には、負けじとキリンの応援団、つまり三菱系の人々が大勢で客席に陣取り、キリンのジョッキを次から次に空けていく。

ビール会社が競争意識をむき出しにして取り組むことはある程度期待していた。蓋を開けると、**お客さまのほうがこの勝負を楽しむようになっていった**のは予想外だった。

ビール会社も店の従業員も、そしてお客さまも真剣に競争しながらもその競争を楽しんでいる。結果、この「A&K」は大繁盛となった。

駅のランキングを実施

当社が現在に至るまで社内に向けて実施している**「サービスランキング」**も、まさに競争そのものだ。

二〇〇三年に鉄道事業本部サービス部長に就任して、すぐに取り組んだのが、**「新・感・動・作戦」**。全社をあげて展開した**サービス改革運動**のことだ。

作戦の柱となり、絶大な効果をあげたのが本書の「なんとなくカツオではダメなのだ」の章でも触れた、このサービスランキングだった。

駅員が配置されている百数十駅を対象に、数カ月に一度覆面モニターによるサービス診断をおこなう。数名の覆面モニターが各駅を訪問し、**整理・整頓・清掃・清潔に躾（しつけ）を加えた〝5S〟と、電話応対や改札および販売窓口における接客態度、言葉づかい、気づきのレベル**など細目化した項目ごとに一〜五点の採点をする。そして、評価の対象となる全駅を合計点数の高い順に並べる。直後に開催される全駅長が出席する営業施策会議でランキング結果を発表する。

駅長の配席もランキング順とする。駅長たちは、会議室の入り口に貼り出されている配席表を見て初めて、自駅のランキングの順位を知る。

二〇〇三年九月の営業施策会議で、第一回のサービスランキングを発表した。上位にランクインした駅長は、最前列の席に着き胸を張る。下位の駅長は、後ろのほうの席で首をかしげながら悔しそうな表情を浮かべる。

会議の翌日には、会議当日しょげ返ることとなったランキング下位の駅長たちは、次回のサービス診断に向けて巻き返しを図るべく駅の社員たちに発破をかける。後ろの席に座らされる**屈辱をバネにする**のだ。駅の社員たちも駅長と同じようにサービスランキングの上位をめざし、奮闘をはじめる。

第一回から数カ月後には、二回目のサービスランキングがまとまり、営業施策会議が開かれた。

会議室の入り口で、駅長たちが配席表の自分の席を探す。前回かなり低いランクにいた駅長が、最前列の席に自駅の名前があるのを見つけると、すぐに携帯電話を取り出した。

「やったぞ！　今回は六位だ。みんなが頑張ってくれたおかげだ。ありがとう！」

電話の向こうで、駅の社員たちが跳び上がって喜んでいたと、後でその駅長が教えてくれた。

これまでも、どの駅の社員もサービスの重要性については一応頭の中では理解していた。しかし、いいサービスを実行するところまで徹底できていなかった。ランキングという形で他の駅と**比較されるとたちまち競争心に火がつく**。他駅に負けまいとよりよいサービスに努めることになる。

サービスランキングをはじめてJR九州の駅のサービスレベルが一気に高まった。改善というより、その盛り上がりの様は改革といってよいものだった。競争のおかげだ。

ハーバード大学経営大学院のマイケル・ポーター教授は、著書『競争の戦略』の中で、こう述べている。

「競争は社会と経済を進化させる」

サービスランキングは現在、対象を管内全有人駅と旅行支店、高速船「ビートル」の窓口を対象とし、毎年実施されている。全百六十七カ所を対象とした最新（二〇一六年調査）のランキング一位は、JR九州旅行博多支店。ちなみに駅の最高位は、全体二位の大分県日田市・天ケ瀬駅だった。

ずぅんと響く声が最強だ

競争において、勝とうとするならば、**声を甘く見てはいけない。**

声のいい人、声の大きな人を馬鹿にしてはいけない。

以前、ある小料理屋のカウンターで、たまたま隣に座った人と会話を交わしてみたらその人が舞台俳優だった。そういえば、どこかで見たことがあるような……。

職業を聞いてなんとなくその人に尋ねてみたくなった。

「舞台の芝居で一番大事なことは何ですか」

彼は即答した。

「声です」

芝居の世界では、**「一声、二顔、三姿」**という言葉がある、と教えてくれた。

美男子であること、立ち姿や格好がいいことよりも、発声やせりふまわし、声の抑揚といった口跡が舞台では最も大切なこととされているそうだ。特に、舞台では遠くの客席まで届く声がよしとされる。よく通る声が舞台には欠かせない。

プレゼンテーションの達人もいう。

「プレゼンテーションで大切なことは声です」と。プレゼンテーションでも、「いい声」が求められると。

「いい声」とは、よく通る声、話の内容がよく伝わる声、話し手が信頼される声、説得力のある声、聞いて心地よい声を指す。男女を問わず、**落ち着いて心にずぅんと入ってくるような声がいいとされる**。ちょっとドスを利かせた声が最適だといわれる。

政治家の演説も、プレゼンテーションのひとつだ。いかに、自分の考えを正しく伝えて聴衆を自分の味方につけることができるかがカギだ。

最近なぜだか話題にのぼることの多い、田中角栄元総理。角栄サンは、スピーチの達人としても名高い。

話しそのものも聞く人の心をがっちりつかむ内容となっているが、同時に声でも人を惹きつける。

低く落ち着いていてよく通る声だ。迫力のあるしわがれ声もちょっとドスが利いていて妙に魅力的だ。

今の政治家でスピーチの名手といえば、私の親友である九電工の元専務の佐々木健一さんが**「ニメートル以内の男」**（前著『鉄客商売』に詳述）とほれこむ（もうお名前を明かすことにするが）麻生太郎元総理だろう。

麻生元総理も、田中元総理に似た低くてよく通るしわがれ声の持ち主だ。麻生元総理の演説がはじまるとその聴衆は聞き入ってしまう。

余談だが、私は酒席で興が乗ると、麻生元総理の声マネをする。

「デフレ。日本の政治家でデフレを克服した人はいない。歴史に学べ……」

すると、まわりの人から冷やかされる。

「それは、角栄サンのマネでしょ！」

麻生元総理と田中元総理の声は似ているのだ。

初めての交渉の場に臨んだとき、まず交渉相手と名刺交換をする。このとき私は、必ず**低い声で少しドスを利かせて自分の名前を告げる。**

「唐池です」

交渉にあたっての先制パンチとしては、かなり効果的だと自分だけで思っている。

私の声は、ふだんは高くもなく低くもなく中くらいの音域となっているが、緊張してあらたまるとバリトンよりも低いバスと呼べるくらいのちょっとドスの利いたものになる。

（京都ことばなら、「唐池どす」となるんだけど）

電話の取り方もサービスの一環

「新・感・動・作戦」の際には、他にも次々とサービス向上のための施策を打ち出した。

そのひとつに、「サービスの基本39カ条訓」がある。

接客サービスをおこなうとき必ず守らなくてはいけない行動規範を三十九にまとめたものだ。制服の胸ポケットに入れておき、いつでも取り出して確認できるよう名刺サイズのカード型にした。

その一部を抜粋する。

⑧あいさつは、先手必勝。自らすすんであいさつを

⑨あいさつは、明るく大きな声で、いきいきと

⑳電話に出るときの声のトーンは、ドレミファソの「ソ」の音で

今あらためて眺めると、小さな子供に言うような当たり前のことばかりが並んでいる。当時のJR九州はこういうこともきちっとできていなかったのだな、と思う。

あらためて気づくのは、声に関することがいくつも見受けられることだ。

（当時から、こんなに声が大事だと考えていたのだな）

その中の、【電話に出るときの声のトーンは、ドレミファソの「ソ」の音で】を少し解説させていただく。

この条文からしても、「声」に関しての私の執拗なこだわりがわかってもらえるだろう。

駅事務室の電話のベルが鳴る。傍(そば)にいる社員がすぐに受話器を取る。そのときの第一声のトーンについて具体的な音の高さを指定しているのだ。

「ド」の音で話すと、相手には、低くて暗い声として伝わり、こちらの職場に元気がないとのイメージをもたれる。社員のほうは、全然疲れない。「ド」の音というのは、発声するほうにとってはほとんど力が要らないのだ。


疲れない仕事は仕事ではない。


「ソ」の音で話すと、相手には明るく元気な職場の雰囲気が伝わり、好感をもたれる。その代わり、社員はかなりのエネルギーを消費する。**意識しないと「ソ」の音にならない**からだ。

ちゃんとした仕事は、それなりにエネルギーを消費し疲れることになる。しかし、それは当然のこと。仕事なのだから。疲れるから仕事なのだ。仕事だから給料がもらえるのだ。

博多駅の社員に、サービス部長の私がマンツーマンで電話の応対について実地訓練をしたことがある。

「はい、電話のベルが鳴ったとしよう。さあ、受話器を取ってお客さまに話しかける！」

その社員は、サービス部長を目の前にして多少緊張していたが、指示通り受話器を取った。

「はい、博多駅の田中です」

低い。「ド」の音になっている。これでは、イメージが暗くなる。

「だめだ。君のは『ド』の音だ。『ド』の音ではなく『ソ』の音で話さなきゃ。もう一度やってみなさい」

社員は、再度受話器を取った。

「はい、博多駅の田中です」

「だめ。また『ド』の音だ。『ド』の音ではなく『ソ』の音で話すこと」

「わかりません。『ソ』の音ってどの音ですか」

「いや、『ド』の音ではなくて、『ソ』の音だって言ってるじゃないか」

「……?」


ひとつ、余談を挟む。

高校時代、私の低くてよく通る、素敵な声が災いしたことがある。

クラブ活動は、柔道部。放課後の柔道の稽古を終え、高校の最寄り駅から電車に乗る前に、駅のキヨスクに立ち寄った。小遣いに余裕のあるときは、よくスポーツ新聞を買って帰りの電車内で読んでいたものだ。

その日も、スポーツ新聞を買うためにキヨスクの前に立った。いつものようにちょっと気取って、低くてよく通る声でキヨスクのおばちゃんに言葉を投げかけた。

「大阪スポーツ！」

いつものおばちゃんではなかった。初めてその店で見るおばちゃんだった。とにかく、おばちゃんには違いなかった。おばちゃんが私に新聞を渡しながら、感激の声を挙げた。

「わあああお兄ちゃん、いい声してるなぁ！」

「そうですか」

気分は悪くなるはずがないが、少々照れくさい。

「おにいちゃん、もう一度言ってみて！」

初めて会ったおばちゃんにアンコールの催促をされた。仕方なく、さっきよりも低い声を意識して元気よく口を開いた。

「大阪スポーツ！」

「はい！」といっておばちゃんはまた私に新聞を渡した。

その日、『大阪スポーツ』を二部買う羽目になった。

口は災いの元ともいった。余談だったが、重要なことをひとつだけ書いておく。

発した声は、帰ってこない。

どんどん出世したデカい声の男

営業部長時代の部下の松下琢磨さん。

彼のよく通る大きな声は社内一である。きっと、その声のおかげで、七難というか多少の不得手もだいたい隠してしまえているのでは、と思わせる男である。

もっとも入社当時、ＪＲ香椎（かしい）駅の改札係（駅業務においては登竜門的業務である）として初々しく業務にあたっていた折には、そのあまりによく響く声で案内放送をおこない、沿線住民から「博多行だろうが門司港行だろうが、そんなにデカい声で放送しなくて結構！」と苦情の電話がかかってきたという失敗談ももつ。

今でも当社の五百人入る会議室でも、マイクなしで事足りる声量だから住民の方はさぞかしうるさかったろうと思う。

「声のボリューム調整機能を忘れた」「オンかオフの設定しかない」などと私にいつも茶化される松下さんだが、実は後輩社員のウケがとてもいい。

新入社員研修の際には「鬼軍曹」などとも形容されたが、見ていると実にこまやかな気配りもする。声はデカいが気が細かい。あれほどデカい声で、あれほど温かく**本気でフォロー**されたら、当時の若い社員たちはさぞかしありがたかったろうと思う。

松下さんは、会社のドル箱の関連事業であるドラッグイレブンの社長を三年務め、このほど本社の取締役に就任した。

「声だけで出世した」とまた茶化す私だが、やはりここまで来たか、と内心嬉しくてしようがない。

本気で言う。声を甘く見てはいけない。

宴会の名幹事は仕事もできる

水戸岡　唐池さんといえば昔から「京都大学柔道部出身！」と学部抜きの自己紹介が定番のネタですけど（笑）、よく聞いてみたら、主将も務められているし、旧帝大が集まる大会では連覇も果たされている。やはり、強い競争意識をもって相当の切磋琢磨を経て、中心選手となったわけですか。

唐池　いやいや。もちろん柔道に打ち込んだのは事実ですが、ケガもありましたし、必ずしも満足のいく選手生活ではなかったんです。だから、大学では宴会芸の鍛錬に絞り込みまして。やがて押しも押されもせぬ主将となりました（笑）。

水戸岡　あながち冗談ともいえないのは、唐池さんはJR九州でも、**宴会や忘年会の幹事としての働きぶりをかなり重視**すると聞きますが。

唐池　それは本当にそうですね。宴会の幹事をちゃんと務め上げる人は仕事もできる。本章で触れた声のデカい松下さんも、ななつ星運行開始時の現場責任者だった（「エル・ブリ」の章に登場した）仲さんも宴会の幹事が本当に上手い。マルス（JRグループ内の乗車券予約・発券・販売のコンピューターシステム）の操作が巧みな社員より、私がいつも求めているのはみんなを盛り上げてくれる人。

水戸岡　また、JR九州が仕掛けた**競争意識を生かしたマーケティング**といえば、本章にも登場する、JR博多シティの「A&K ビア&フードステーション」。アサヒビールとキリンビールの対決型レストランは、新しく生まれ変わったばかりの博多駅をまさに盛り上げる象徴的存在でした。

唐池　ビール会社とそのグループ会社の人は、よそのビールを絶対に飲まないんですよ。サントリーの広告制作会社の社員でもある作家の斎藤由香さんは、サントリーの有無でご機嫌まで変わりますから（笑）。そういうところを見ていたから、「A&K」は絶対に盛り上がるだろうと思っていた。ただ、あのときはアサヒは住友系、キリンは三菱系の会社の方々も競うように来るようになって、それは予想以上だった。

水戸岡　JR九州の競争といえば、駅のサービスランキングは毎年本当に面白い。一般のお客さまには公開していないものなんだけど、社内の盛り上がりは相当ですね。

唐池　あのサービスランキングは、まさに水戸岡さんの提言を受けて、「整理・整頓・清掃・清潔」に「躾（しつけ）」を加えた〝5S〟が採点の基本ですよ。ローカル線の駅も毎年二回のランキングが励みになっているようです。事情を知る関係者からは、「地元の駅が見違えるように変わった」という話も寄せられています。

水戸岡　そのランキングでは電話応対も採点項目のひとつになっていますが、**電話に出るときは「ソ」の音で**、のくだりは笑いましたね。笑ったけれど、確かに真実だとも。

唐池　宴会の幹事でも「ド」の音で音頭をとることなんてあり得ないわけですよ。鉄道会社の競争の激しいエリアでも、自然とお客さま対応は「ソ」の音でやっとるんじゃないですか。「ソ」の音で仕事をすることはそれなりに疲れることだけど、ちゃんと働いて疲れるからこそ、帰りのビールも旨いというものでしょう。

学んだこと

いかなる場面でも、競争は力なり

きっかけは「日本一の朝ごはん」

日本一のたまご

1977年（昭和52年）　国鉄に入社
1987年（昭和62年）　JR九州に「入社」
1988年（昭和63年）　丸井で研修
　　　　　　　　　　SL「あそBOY」デビュー
1989年（平成元年）　特急「ゆふいんの森」デビュー
　　　　　　　　　　船舶事業の準備をスタート
1991年（平成3年）　「ビートル」国際航路開設
1993年（平成5年）　外食事業に着手
1996年（平成8年）　外食の新会社を創設
2000年（平成12年）　外食会社の社長に復帰
2002年（平成14年）　東京・赤坂にレストランオープン
2003年（平成15年）　「南九州観光調査開発委員会」を発足
　　　　　　　　　　「サービスランキング」を実施

社の信条に「4S（後に5S）」を加える

2004年（平成16年）　九州新幹線部分開業を指揮

2006年（平成18年）　会社初のM&A交渉を担当

2009年（平成21年）　JR九州の社長に就任

2010年（平成22年）　農業に参入

2011年（平成23年）　「JR博多シティ」オープン

九州新幹線全線開業

2012年（平成24年）　「うちのたまご」発売

［日本一のたまご］

＊まちづくりに欠かせぬ要素はおいしいものづくり。石川県・山中温泉「かよう亭」のだし巻き玉子にいたく感銘を受けた唐池恒二は、新規事業に「日本一のたまご」づくりを打ち立てる。想像以上の出来となった卵は、スピンオフ的な珠玉のネーミングも生むことに……。

2013年（平成25年）　「ななつ星 in 九州」運行開始

2014年（平成26年）　JR九州の会長に就任

2016年（平成28年）　「駅から三百歩横丁」を博多にひらく

株式上場を果たす

2017年（平成29年）　JR発足30周年を迎える

まちづくりは愛と食が大切

山中温泉には、何度となく足を運んだ。目的は、観光でも湯治でもない。山中温泉からいろいろなことを学ぶために訪れたのだ。いや、山中温泉というよりは、そこに住む**まちづくりのリーダー**から多くのことを教わった。

そのリーダーの名は、上口昌徳（かみぐちまさのり）さん。石川県の加賀温泉郷のひとつ、山中温泉を代表する名宿「かよう亭」の主だ。しばしば、各メディアでも「日本一の朝ごはん」の宿として紹介されているから、ご存じの方も多いかと思う。

四十数年前、上口さんは、当時父親が経営していた大型旅館の「かよう亭」を突如廃業した。それも、父親が長期に旅行しているときを見計らって断行した。当然、父親とは大喧嘩。何度も激しい口論を続けた末、父親が渋々息子の意見に従った。

日本経済の高度成長も終末を迎え、日本人の旅行形態が変化しはじめたころだ。それまでのように、職場や学校といった大集団がいっせいに移動し大宴会場で一堂に会して食事をとるような団体型の旅行から、家族や小グループ単位で気ままに旅をする、いわゆる個人型の旅行へと大きく変化しようとしていた。

そうした時代の変化を感じ取り、上口さんは「高度成長期には、従来の団体対応型の旅館でよかったが、これからは量より質だ」と考えた。

廃業後三年間、これからの宿、新しい「かよう亭」のあり方を模索した。得た結論が、現在の「かよう亭」だ。

大型旅館の時代には五十六室あった部屋数を、十一室に絞り込んだ。

一万坪の敷地だから、一室当たり千坪を有する勘定になる。さらに、その数寄屋づくりの建物を川や森といった自然が取り囲む。客室の窓から外を見ると、自然の借景も相まって宿の敷地がさらに広く感じられる。そんな贅沢な空間が宿泊客に提供される。

部屋のしつらい、接客サービス、料理といずれも非の打ちどころがなく、客層が多様で満足度も極めて高い。ことさら宣伝もしないのに、海外における認知度、人気も抜群で、宿泊客の二割を外国人が占めるという。

上口さんは、地元のまちづくりのリーダーでもある。

上口さんは、旅館業として当然食を大切にするが、山中温泉のまちづくりにおいても、食に関わる人材の育成に力を注いできた。

「**旅館業は、取り引きしている生産者（製産者）と一緒に成長していくべきだ**」

こうした旅館経営の哲学は、まちの人々の仕事と暮らしまでをも巻き込み、共に高め合おうという気運を生む。「良い食品づくりの会」という名前だったと思うが、全国から食に関して志の高い人が集う勉強会を、上口さんが牽引されているとも聞いた。また近年では、「かよう亭職人未来塾」なる勉強会も主宰されている。

「自分がいかにその地域を愛しているか。そして、いかに地域コミュニティに自分が活かされているかという意識が大切」

上口さんは、**まちづくりは地域への本気の愛**だと説く。

日本一のだし巻き玉子

一度、お昼に山中温泉のまちを上口さんが案内してくれた。

「ここの蕎麦屋が美味しい」

「こちらの酒屋の地酒はぜひお土産にされたらいい」

渓谷沿いに散歩道があった。

「**歩いて楽しいまちが一番**です。この散歩道はまちのみんなとつくりました」

そのまちが「安全安心」であること、「歩いて楽しい」こと、「食と買い物が充実している」こと、この三つがまちづくりで大切なことだと、日本のまちづくりと観光の権威である木村尚三郎（しょうざぶろう）東大名誉教授がつねづねおっしゃっていた。

上口さんは、その木村先生の教えを聞いたのだろうか。まさに、このまちづくりの本質を実感し、実践されている。

「かよう亭」には、これまたメディアでしばしば取り上げられる、なんとも心地のいいバーラウンジがある。和風のしつらいで、畳敷きの上に椅子やソファが置かれている。素足で歩くと心地よい。

「土地の若者たちが夜になるとこのラウンジに集まり、遅くまで酒を飲みながら、まちづくりについて侃々諤々（かんかんがくがく）の議論をするのです。私もときどき付き合います」

まちづくり運動というのは、その成果もさることながら、**成果をあげるまでのプロセスがもっと大切**だ。私はつねづね、そう考えている。

夜を徹して意見をぶつけ合う。そうしたプロセスがまちづくりの成果よりも意義がある。若者たちのことを熱く語る上口さんの目もまた、そう言っているように感じた。

じつをいうと、「かよう亭」の畳敷きの上に椅子を置くという発想は、さっそくＪＲ九州グループ初の東京進出を果たした「うまや」の店づくりに拝借させていただいた。「かよう亭」に初めて訪れたのは二〇〇一年夏。「うまや」は二〇〇二年二月にオープンした。

（上口さん、ありがとうございました）

「かよう亭」の食は、舌の肥えた東京の文化人たちからも高く評価されている。

特に、地場の天然の食材を使った朝食は先にも記したように「日本一」の誉れ高きもの。もともとは、『風の盆恋歌』などで知られる作家の髙橋治さんが「日本一」と称した。

少々遅く起きた朝でも、食卓にはつやつや炊きたてのご飯とほかほかのおかずが並ぶ。クライマックスは、山中塗の蓋付き箱に入った焼きたてのだし巻き玉子だ。蓋を取ると湯気が立ちのぼり、もうそれだけで美味しい。

「うーん……」

だし巻き玉子をひと切れ口に入れると、あまりの美味に言葉を失う。

「やはりこれは日本一……云々」と言いたいのだが、「……。」となる。**ほんとうに美味しいものを食したときは一言も出ない**、とは作家の浅田次郎さんの言葉。そのとおりだ。

だし巻き玉子に感銘を受けている私の横で、上口さんが静かに微笑みながら七輪の炭火で一夜干しを炙っている。その姿は、宿の主というより哲学者とか俳人とかいう雰囲気を漂わせる。「かよう亭」は現在に至るまで、文人墨客に愛される宿でもある。

せっかくだから、干物を焼く哲学者にだし巻き玉子に使う卵のことを尋ねた。

「この卵は、北陸に多い養鶏場の中でも富山県高岡市の生産者から仕入れています」

聞けば、その生産者は、安全安心な卵づくりの達人だという。食材へのこだわりが半端ではない上口さん。卵はその卵しか使わないという。

珠玉のネーミングを呼んだ卵

「かよう亭」を初めて訪ねてから八年。二〇〇九年六月、私はＪＲ九州の社長になった。就任直後から新しい企画や事業に挑戦した。

アジアでの事業展開を睨んで中国に上海事務所を開設したり、駅ビルの開発を地域のまちづくりに拡大していったり、社内研修に行動訓練を導入したり、さらにはななつ星の構想をぶち上げたり。

そうした中で、農業への参入を本気で視野に入れはじめていた。

まずは、大分でニラとサツマイモづくりに着手したのだが、じつは農業に参入したときから密かに卵の生産を目論んでいた。

そういうわけで、二〇一一年に社内につくった農業推進室のメンバーを九州内のいくつかの養鶏場に勉強に行かせることにした。

サツマイモなどの作物も、経験豊富な農家に教えてもらいながら栽培を手掛けた。同様に、卵についてもまったくノウハウがなかったので、養鶏のプロに教わらなければいけなかった。しかし、九州内の卵のプロたちは、JR九州が養鶏に参入すると強力なライバルになるかもしれないと警戒したのか、なかなか協力してくれずにいた。

そんな折、「かよう亭」の朝食を思い出していた。

（あのだし巻き玉子、美味しかったなあ）

思い立って、農業推進室に、「かよう亭」に納入していると聞いた富山県高岡市の卵生産者を訪ねるよう指示をした。

上口さんにあらためて尋ねなくては、と考えているところだったが、チームの行動力と捜索力は想像以上で、彼らはまるでメディアや警察のようにエキサイトして盛り上がり、あっという間にたちまち容疑者の身元、もとい養鶏場の所在地を確認した。

（新しいミッションを前にすると、しばしば当社の社員はこうなる）

「見つけました。今から高岡に踏み込みます」

「こらこら、うちは警察じゃないんですから、踏み込むとは！」

「はい、すみません。高岡に飛んで卵の生産者に直接お会いしてお話を伺ってきます」

「行ってくれますか。ぜひお会いしてちゃんと取り調べをやってください」

「取り調べ？　社長、警察じゃないんですから！」


高岡に飛んだのは、農業推進室に来たばかりの西依（にしより）正博さんだった。西依さんは、前著『鉄客商売』にも登場したJR九州きっての交渉の達人。船舶事業部時代、高速船「ビートル」が博多〜釜山間でエンジントラブルを起こしたときに、私と一緒に走りまわってお客さまの対応にあたった一番頼りになる先輩だ。卵の生産に取り組もうとしたとき、頭に浮かんだのがこの西依さんだった。すでにJR九州を退職してまもない折で、時間とその交渉力をまったく持て余していたのだ。

九州内のいくつかの養鶏場から協力を断られ、どうしたものかと考えている中で、もうほかに手はないと、西依さんに電話を入れた。

「西依さん、農業の仕事を手伝ってもらいたいのですが」

「いいですよ」

一週間後、私が全幅の信頼を置くミスター交渉力は、農業推進室の担当部長となった。


取り調べならぬ交渉に飛んだ翌日、西依さんが高岡から帰ってきた。

「会ってきました」

「踏み込みましたか」

「……」

「いやいや、会ってくれましたか」

「高岡に本社のある『セイアグリーシステム』という会社です。ここの伊勢豊彦社長の取り調べ、じゃなくて、お話を伺ってきました」

「JR九州に対し卵の生産の指導をしてくれそうですか」

「はい。協力しましょう、と約束してくれました」

「さすがは、西依さん」

「いやあ、伊勢社長はたいした方です。卵博士ですな」

卵博士によると、いい卵をつくるには、卵を産む親鶏が健康でなくてはいけないとのこと。親鶏に**いいエサといい水といい飼育環境を与えることが肝要**だという。

博士、もといい伊勢社長のところでは、徹底的にエサにこだわり、栄養価たっぷりの天然のエサを特別に配合する。薬品や抗生物質などの特殊な成分は一切入れない。もちろん、成長促進剤なんてもってのほか。

水は、水質管理の行き届いた天然水に限っている。

放し飼いではなく鶏舎で飼育しているが、ブロイラーのように狭い空間に押し込めることはない。鶏舎の中でも、ある程度動きまわれるような一羽あたりの空間を確保しており、親鶏がストレスを感じないような構造にしている。親鶏にとってよくないのは、ストレスと雑菌である。鶏舎は、つねに清潔で有害な菌を排除した状態となるようにしている。

西依さんは、語るうちに次第に熱くなり声が大きくなってきた。

「一番びっくりしたことですが、博士のところの卵は出荷時に洗わないそうです！」

ほとんどの卵は出荷する際に一度、卵の外側を洗浄する。殻に付いている雑菌を洗い落とすためである。実際、保健所の指導もそうなっている。しかし博士は、卵は洗ってはいけない、洗わないほうが卵の鮮度が保てる、という。産みたての卵の殻の表面は、クチクラというたんぱく質の膜で覆われている。クチクラは、空気は通すが黴菌(ばいきん)や細菌は通さない。クチクラが卵を守っているのだ。

博士のところの鶏舎は、つねに清潔に保たれているので、殻を洗う必要がない。

西依さんが初めて高岡を訪問してから三カ月後、伊勢博士の指導のもと、いよいよ養鶏場の建築工事が始まった。用地は、ＪＲ九州のグループ会社が運営する福岡県飯塚市の「ＪＲ内野カントリークラブ」というゴルフ場内にあった空き地。すでに養鶏場開場のために確保していた空き地だった。

着々と卵の生産と販売に向けて準備が進んでいたある日、農業推進室の内野豊臣(うちのとよおみ)さんが社長室にやってきた。

内野さんは、もともと施設部の技術屋で、一九九七年に入社してずっと保線畑で仕事をしていた。**仕事でも宴会でもまわりからその高い能力を買われていた**。農業にはエース級を投入しようと考えていたので、いよいよ卵の生産にとりかかろうとするときに内野さんを農業推進室の課長に据えたのだ。

（内野カントリークラブに、内野さん……）

「社長、そろそろ**卵のネーミング**を考えてください」

もうすぐ卵の販売がはじまる、というタイミングだった。

私にとってその卵たちは、**日本一美味しくて日本一安全で健康的な卵**だ。それなりの値段とブランド名を決めなければいけない。

値段はすでに決めている。一個あたり六十円。一般の卵と比べてかなり強気な設定だ。しかし、十分にその価値はある。名前をどうするか。

「内野カントリークラブ」の内野というのは、このあたりの古くからある地名だ。江戸時代、長崎と北九州の小倉を結ぶ幹線道路があり、長崎街道と呼ばれていた。その街道の宿場町として当地に内野宿があり、相当にぎわった界隈だと伝えられている。

「内野さん、まず、養鶏場の名前からつけましょう。『内野宿養鶏場』でどうですか」

「私の名前でいいんですか」

「いいお名前です」

「『内野宿養鶏場』……、歴史を感じさせるし、『手づくり』感があっていいですね」

かくして、養鶏場の名前が決まった。

「『内野宿養鶏場』はわかりました。卵の名前のほうはどうするんですか」

「家族みんなで毎日この卵を食べて健康になってもらいたい。我が家の卵という感じがいいでしょう」

「我が家の卵？」

「そうです。『**うちのたまご**』です」

「我が家の『うちの』と内野の『うちの』をかけているんですね」

さすが、宴会の名幹事だけのことはある。呑み込みが早い。

ボツになった珠玉のネーミング

二〇一一年十二月、六棟の鶏舎が完成した。約一万羽のひなを鶏舎の中に放ち、翌年一月には卵の出荷と販売がはじまった。たちまち評判となり博多駅の直売店も売り切れとなる日も出てきた。

そりゃ、そうだ。あの、「かよう亭」の朝食で感動した卵の生産者から、直々に指導をしてもらったのだから。

半年ほど経ったころだったか、「うちのたまご」のことを聞きつけた鹿児島の卵生産者の方が、JR九州本社に卵をどっさりと送りつけてきたことがあった。生産者の方いわく、「ぜひ、『うちのたまご』と当社の卵を食べ比べてほしい」とのこと。

さっそく試食した。

（おっ、おっ、美味しい！）

「うちのたまご」に匹敵する美味しさだ。いや、ひょっとしたら送ってこられた卵のほうが上かもしれない。恐るべし、鹿児島の卵。

すぐに「うちのたまご」の販売担当の内野さん（ややこしいなあ）を呼んだ。

「この鹿児島の生産者から送ってくれた卵を君たちも試食したらどうか」

翌日、「うちのたまご」の内野さんがやってきた。

「鹿児島の卵、とても美味しいですね」

「じゃあ、博多駅の直売店で並べて販売したらどうですか」

「『うちのたまご』のかなり強烈なライバルですよ。どんな名前で売りますか」

「『**よそのたまご**』というのはどう?」

じつをいうと、諸般の事情もあり（お察しください）この鹿児島の卵は、当社では販売しないことになった。

「よそのたまご」も幻に終わった。

（私の中では、最高のネーミングだったのに。残念！）

唐池恒二×水戸岡鋭治
本音で申す

「ななつ星」は「七つ星」だったかもしれない

水戸岡　**「よそのたまご」**は、唐池さんのネーミングのなかでも最高のボツですね。私などは、何度この話を聞かされても笑ってしまう。

唐池　本当に。私としてはぜひ商品化してほしかったけどなぁ。そしたら最高傑作のひとつでしたよ。やはり、うちの子が〝独り立ち〟しないことには、よその子には手が回らないようで。

水戸岡　そんなことを本気で言う経営者はどこにもいません。唐池さんくらいですよ（笑）。

唐池　**どこにもないものを作って、本気で「日本一」「世界一」を目指す**。私の方針は一貫してますから。「世界一」といえば、水戸岡さんは当初、ななつ星を漢字で「七つ星」としようと推したんですよね。

水戸岡　そうでした。はじめに〝ナナツボシ〟と音で聞いたときに漢字のイメージが強く浮かんだんです。デザイナーとしては漢字のデザインが先にパッと浮かんだ。

唐池　その感性は、ある意味でよくわかるんですけどね。私はひらがなが好きなんです。ひらがなには、なんだかこう**人懐っこくて優しいぬくもり**があるでしょう。見る人に対してオープンな印象もある。

水戸岡　確かに唐池さんのネーミングにはひらがながよく見られますね。現在十一の路線で走るD&S列車の先駆けともいうべき「ゆふいんの森」などは象徴的ですね。

唐池　あの土地は歴史上、観光の都合上、「由布院」「湯布院」とふたつの表記がありましたから、ひらがなでそのジレンマを打開した格好だったのですが、それ以上の効果があったかもしれませんね。

水戸岡　「ゆふいんの森」、さらに同時期の「あそＢＯＹ」は、私は一切関わっていませんから、完成したときにとても驚いたんです。今でも思いますよ、唐池さんはあの若さ（一九八九年／当時三十六歳）で、あれほどのものをプロデュースしていたんだと。

唐池　「丸井学校への入学」の研修から帰ってきたあとにそのまま着任した鉄道事業本部で取り組んだものでしたから、夢中でやっていたんでしょう。ネーミングとものづくり、さらにはまちづくりが結びつく感覚は、「ゆふいんの森」のことを考える際に「亀の井別荘」の中谷（なかや）健太郎さん、「由布院　玉の湯」の溝口薫平さんといった〝まちづくりの英雄〟たちとずいぶん話し込んでいくなかで自然と得られたのかもしれません。前著『鉄客商売』でも詳しく書いたので、また読んでいただくとなお結構ですが（笑）。

水戸岡　そういえば「うちのたまご」のヒントを得た、本章に登場する「かよう亭」もひらがな多め。山中温泉というまちをつくっていった上口さんからも多くを得られたようですね。

唐池　「かよう亭」におじゃましたのは二〇〇一年で、ちょうどJR九州フードサービスで二回目の社長を務めていた時期。外食のヒントを得るべく、さまよっていたのでしょうが（笑）、もう習い性というか、**自覚しないうちにいろんなものを得ていたん**でしょうね。

水戸岡　北陸の名宿の朝食から「よそのたまご」にまで至るとは（笑）、さすがに想像できませんから。

学んだこと

おいしい食事一度にもビジネスのタネはある

宮崎・飫肥という理想形

まちの三題噺

1977年（昭和52年）　国鉄に入社

1987年（昭和62年）　JR九州に「入社」

丸井で研修

1988年（昭和63年）　SL「あそBOY」デビュー

1989年（平成元年）　特急「ゆふいんの森」デビュー

船舶事業の準備をスタート

1991年（平成3年）　「ビートル」国際航路開設

1993年（平成5年）　外食事業に着手

1996年（平成8年）　外食の新会社を創設

2000年（平成12年）　外食会社の社長に復帰

2002年（平成14年）　東京・赤坂にレストランオープン

2003年（平成15年）　**「南九州観光調査開発委員会」を発足**

本章［まちの三題噺］

＊仕事で全国を巡ってきた唐池恒二にはイチ推しのまちがある。それは宮崎県日南市飫肥。また、リーダーとして社員に数々のメッセージを送ってきた唐池にはこだわりの手法がある。それは落語。そして、落語の三題噺のように、まちづくりにも欠かせない三つのテーマがあるとも。

	「サービスランキング」を実施
	社の信条に「4S（後に5S）」を加える
2004年（平成16年）	九州新幹線部分開業を指揮
2006年（平成18年）	会社初のM&A交渉を担当
2009年（平成21年）	JR九州の社長に就任
2010年（平成22年）	農業に参入
2011年（平成23年）	「JR博多シティ」オープン
	九州新幹線全線開業
2012年（平成24年）	「うちのたまご」発売
2013年（平成25年）	「ななつ星 in 九州」運行開始
2014年（平成26年）	JR九州の会長に就任
2016年（平成28年）	「駅から三百歩横丁」を博多にひらく
	株式上場を果たす
2017年（平成29年）	JR発足30周年を迎える

落語の手法で全社員にメッセージ

すっかりお気づきかもしれないが、私は大の演芸ファン、お笑い好きである。

文中にしばしば**丸カッコで括ったつぶやき**が登場するが、これはボケをこよなく愛する私が、自分で自分についツッコミを入れたくなるがゆえの、**もうひとりの私の声**である。

そういうわけで今まで、営業部長時代や社長時代に、古典落語にしばしば登場する「八つぁん熊さん」の掛け合いの妙を借りて、社員にメッセージを発するという「蛮行」を何度となく繰り返してもいる。

前著『鉄客商売』や本書でも、「八つぁん熊さん」の再登場を期待する声は多かったが、二〇一七年度初頭の会長年度訓示にて私は「成長と進化」を説いた。

（用いた喩えはプロ野球のオーナー企業の盛衰と変遷。私は野球ファンでもある）

そこで、ここでは定番の「八つぁん熊さん」はベンチに引っ込め、自身初の挑戦となる三大噺を用いて、私のライフワークであるまちづくりについて述べていきたいと思う。

では、私の中の席亭が幕を開けるので、いったん失礼する。

（席亭までおるんかい！）

＊　＊　＊

会場の皆様から三つのお題を頂戴しましたので、ここで三題噺を一席お話しさせていただきます。

お題は、「寿太郎」「若葉」それに「まちづくり」の三つを頂戴しました。こんなばらばらなお題でお話がうまくまとまりますやら、うまくできましたらどうぞ拍手喝采をよろしくお願い申し上げます。

悲運のスーパースター

インターネットで「寿太郎」と検索しますと、最近では静岡でその名のついた有名なみかんも出てくるようですが、手前どもとしては、やはりみかんは九州がお奨めですな。

いやいやお話ししたいのはみかんではなくて、私たち日本人としてはやはり小村寿太郎という人物を忘れてはなりません。そういうお話でございます。

小村寿太郎さんは、ご存じの通りで明治時代に二度外務大臣を務めたほどのお方でいらっしゃいまして、外交官として大きな功績を遺された人物として有名でございます。

その生家跡に隣接して現在建つ「国際交流センター小村記念館」には、小村寿太郎さん関連の資料や写真が展示されていまして、まさに明治にタイムスリップしたような気分になるのでございます。明治の初めにハーバード大学に留学したほどの天才、小村寿太郎さんが日露戦争の終結や不平等条約の改正に奔走しタフ・ネゴシエーターぶりを発揮している姿を想像すると、こちらまでわくわくしてしまいます。

寿太郎さんご自身は、小柄な人で、身長が一五五センチだったといわれています。その小さな身体で孤軍奮闘し、あれほどの大仕事を成し遂げたことに驚いてしまいます。

幕末から明治にかけて多くの偉人が歴史の舞台に登場しています。坂本龍馬、西郷隆盛、勝海舟といったスーパースターたちにも憧れますが、私が彼ら以上に好きで、リスペクトしている人物が小村寿太郎さんなのです。

個人的には、寿太郎さんこそが明治を代表する最高の外交官だと思います。一方、寿太郎さんは「悲運の」という言葉がついてまわる外交官でもあります。しかし、私は**「誠実と信念の」**と形容したほうがいいと考えます。

先にもお話ししたように寿太郎さんは、二度外務大臣を務められました。

一度目の外務大臣在任中には、日露戦争が勃発しました。

終戦後のポーツマス（アメリカ）でおこなわれた講和会議に全権代表として臨んだのが寿太郎さんです。

政府の方針は終戦することで固まっていました。日本は、各地の戦闘において一時的な勝利は得ていたものの、国力の消耗が激しく軍費も底をついていたのです。

政府は、このまま戦争を継続するのは不可能と判断しました。


国民はそうした事情はまったく知りません。

ロシアに勝利したのだから、十年前の日清戦争のときのように巨額の賠償金や広い領土を獲得できると国民は思い込んでいました。

またそのように、新聞も連日書き立てて世論をいたずらに煽っていました。

国の実情と国民の認識は大きくかけ離れていたのです。

こうした中、政府は、国家の存亡をかけた難しい交渉を寿太郎さんに託しました。

寿太郎さんが交渉のために渡米するとき、港には大勢の人が押し寄せ、大きな期待を込めた大声援で寿太郎さんを見送りました。

伊藤博文などの元老たちは、その光景を見て寿太郎さんに申し訳ない気持ちになったといいます。

彼らは、わかっていたのです。この交渉がどんな形で終わったとしても、寿太郎さんは国民から非難の集中砲火を浴びるだろうと。わが国にとって最も有利な形で終わったとしても、国民は納得しないだろうと。国民の期待が大きすぎるために、考えられる最大の成果を挙げたとしても国民は寿太郎さんを容赦しないだろうと。

講和会議の席上で寿太郎さんは、ロシアの戦争継続の意向を抑え込み、終戦に向けての交渉を粘り強く続けました。賠償金は得られませんでしたが、いくつもの好条件を引き出し、かのポーツマス条約を締結しました。

寿太郎さんは、戦争よりも平和を選んだのです。

ポーツマス条約に調印した一九〇五年九月五日（日本時間）、日本国内は騒然となりました。多くの戦利を期待した群衆の怒りが爆発したのです。寿太郎さんの命がけの交渉を、「屈辱的な弱腰外交」と激しく糾弾する大集会が東京の日比谷公園で開かれました。集会に集った群衆は瞬く間に暴徒と化し、新聞社を襲撃したり、交番や電車を焼き討ちしたりするなどの暴動にまで発展しました。

しかし、寿太郎さんは弁解ひとつせず、世間の怒りを一身に受けたまま沈黙を通しました。生涯を通じても「正しい判断だった」という自らの信念を崩すことはありませんでした。

寿太郎さんは、ポーツマス条約締結の翌年（一九〇六年）一月に外務大臣を退任しますが、一九〇八年に再任します。当時の桂太郎首相に請われて、あるミッションのためにまたその重職に就くことを選んだのです。

幕末に結んだ、というより結ばされた不平等条約のせいで、わが国は五十年もの間、主権国たりえずに苦しんできました。

不平等条約のポイントは二つあります。ひとつは、外国人が我が国で罪を犯してもわが国の法律で裁くことができないという治外法権。

これについては、一八九四年、陸奥宗光外務大臣のときに撤廃となりました。じつは、もともと寿太郎さんを外務省に引っ張ったのは、この陸奥宗光大臣でした。

不平等条約のもうひとつのポイントは、輸入品に自由に税をかけることのできる権利、すなわち関税自主権がなかったことです。関税自主権については、歴代の内閣が最重要課題として取り組んできましたが、なかなか思うように進みませんでした。

しかし一九一一年、寿太郎さんが二度目の外務大臣を務めていたこの年にようやく関税自主権の回復が実現しました。寿太郎さんは、今度はアメリカを相手にまたしても粘り強い交渉を展開、条約改正にまでこぎつけたのです。

一五五センチの体ひとつで、米露の大男たちを相手に、現代にまで語り継がれる歴史的な交渉をおこなったわけですな。

ほんとうに、凄い人です。

ところがこの寿太郎さん、人生で二度も歴史的な交渉に尽力したためだったのでしょうか、関税自主権の交渉が妥結した同じ年の十一月に結核で亡くなってしまいます。

五十六歳でした。

寿太郎さんが五十六年の人生の最後の最後まで力を尽くしてくださったおかげで、日本はひとつの国として、ようやく近代国家の初心者マークをもらったようなものだったのかもしれません。

初心者マークといえば、別名「若葉マーク」とも呼ばれますが……。

そうそう。覚えていらっしゃるでしょうか、「わかば」というテレビドラマを。この「わかば」はNHKの朝の連続テレビ小説として、二〇〇四年九月から半年間放映されました。

建築家の父親を阪神・淡路大震災で亡くし、震災遺児となった主人公、高原若葉が母の実家に身を寄せながら、夢を追いかけてすくすくと成長していく過程を描いたドラマです。

ヒロインには、冒頭でふれた「寿太郎みかん」の産地でもある（おぉ、なんという偶然）静岡県出身の原田夏希さんが抜擢され、そのさわやかさとロケ地の魅力で話題となりました。放映の翌年には、朝の連ドラとしては珍しく舞台化され、原田さんをはじめ連ドラとほぼ同じ配役により東京・明治座でも上演されました。

……では、三つめのお題のまちづくりに話を進めましょうか。

「おいおい、『わかば』はもう終わりかよ」って？

まぁ、旦那、慌てなさんな。ちゃんと、あとがありますから。

ウチだって株式上場まで三十年もかかったんです。

「気持ちのいい」まち

まちづくりといえば、私の大好きなまちがあります。飫肥。「おび」と読みます。この飫肥のまちづくりが、とても勉強になります。私なんぞは、飫肥こそが日本一のまちづくりだと思っています。

飫肥は、宮崎市からJRでも車でも南のほうに約一時間行ったところにあります。プロ野球のキャンプ地としても有名な、宮崎県日南市の中のひとつの地域です。江戸時代には五万石の小藩、飫肥藩の城下町として栄えました。九州の小京都という人もいらっしゃいます。城下町らしい落ち着きのある、いいまちです。

飫肥藩は、隣藩との小競り合いやら財政的に苦しい状況もありましたが、江戸時代の二百六十年を通じてこの地域を守り通した気骨ある藩です。

この飫肥のまちを散策するのが、またとても気持ちがいい。

私が初めて飫肥のまちに入ったのは、十五年ほど前のことです。飫肥は**まちづくりのお手本**だという評判を聞いて、訪れてみたくなったのです。

評判通りでした。まちの中央に飫肥城があります。天守閣はありませんが、飫肥のまちのシンボルであり、飫肥の人たちの精神的な支柱になっていると思います。お城の傍（そば）には、武家屋敷が建ち並んでいます。武家屋敷の通りを歩くと、自然と心が安らぐから不思議です。

歩いていて、このまちはどこかふつうの日本の風景とは違うなと思いました。ふつうじゃない。違和感といってもいい、何かを覚えました。

わかりました。その違いがわかりました。通りの両側に、いつも見慣れている電柱と電線が見当たらないのです。

今から四十年ほど前に、電柱と電線を地中化したのです。

……いや、失礼しました。電柱は地中化していません。電柱を取っ払って、**電線を地中化**したのです。

四十年前ですよ。日本の中で四十年前に電線をなくそうとした事例は、大都市部を除くと、そんなにいくつもありはしません。

一九七八年に飫肥城の大手門が復元されたのを機に、住民たちで構成される「本町通り町並み研究会」が発足しました。発足後すぐに、〝城下町にふさわしいまち並みを〟を合言葉に、みんなで意見を出し合いまち並みづくりのための申し合わせ事項をつくりました。

それは、次の五項目からなっています。

①家は日本風に統一しましょう
②家は溝から一メートル後退させましょう
③軒は溝まで出しましょう
④軒の高さを決めましょう
⑤ケバケバしい色を避けましょう

この中で、人に対して思いやりがあるなあ、と感心するのは、②と③です。
②にあるように、家は溝から一メートルセットバックしましょう、といいながら、③で軒は溝まで出しましょう、としています。これは、伸びた軒が通りを歩く人の日よけや雨よけになるのですよ、という優しい気持ちの表れです。
飫肥のまちづくりの精神は、この優しさが基本にあります。

住民に聞くと、この申し合わせ事項は、四十年経った今も生きているそうです。

申し合わせ事項をつくったころから、本町通り界隈の電線を地中化していったのです。

十五年前に初めて訪ねてから、何度も飫肥を訪れています。

訪れるたびに、飫肥のまちが変わっていくのがわかります。どんな風に変わってきているかといいますと、まち並みがさらにどんどんよくなっているのです。驚くことに、**どんどん古いまち並みになっていく**のです。

武家屋敷が並ぶ通りは、日本中いたるところにあります。しかし、訪れるたびにどんどん昔のまちの雰囲気に近づいているのは飫肥くらいじゃないでしょうか。

飫肥のまちが訪れる人を喜ばせたり、感動させたりするのは、申し合わせ事項だけではありません。

歩いていると、落ち着いた古いまち並みの風情に加えて、日々の手入れが行き届いていることに気づきます。

通りやお城の地面にゴミが落ちていないのです。

風景を壊すような看板類や案内板にほとんど出くわさないのです。

整理・整頓・清掃・清潔。

整理とは、不要なものを片付けることです。整頓とは、あるものを順序よく並べることです。清掃とは、掃除を徹底しゴミや汚れを取り除くことです。

飫肥のまちは、日々の整理・整頓・清掃が徹底されているのです。

もうひとつ、飫肥のまちが抜きん出て優れていることがあります。

お昼ごろ、飫肥名物のおび天（魚のすり身の揚げ物）や厚焼き玉子をぱくつきながら、通りをぶらぶらと歩いたとしましょう。食べながら歩くなんて、道徳的には、あまりお奨めできない行動ですが、仮にそうしたとしましょう。私もこんな品のないことはそれほど頻繁にやっているわけではありません。飫肥に二回行けば一度くらいしかやりません。

（けっこうやってるじゃないか！）

まあ、飫肥の武家屋敷の界隈をおび天を手にしながらゆっくりと歩いたとしましょう。すると、道の向こうのほうから幼稚園児たちが三人、五人とつらなって集団でこちらのほうにやってくるではありませんか。

私たち中年のおっさんが三人で風景を楽しみながら子供たちに向かって歩いていきます。子供たちとの距離がどんどん縮まってきます。

子供たちとの間隔が五、六メートルくらいになったとき、子供たちは急におしゃべりをやめてこちらのほうを見ます。そしてみんな頭を下げながら明るい声を出します。

「こんにちは！」

これが気持ちいい。**子供たちがひとりも例外なく私たちに、見知らぬ初対面の旅行者に挨拶するのです。**

こんなまち、日本全国探してもありませんよ。こちらも返します。

「こんにちは！」

初対面の大人と子供たちが道で互いに挨拶を交わす。それだけで、心が通じます。これほどさわやかな気分にさせてくれるまちはそうそうありません。

旦那、お待たせしました。

お題のひとつめの「寿太郎」。小村寿太郎さんはここ飫肥の出身なんです。幕末に日向国飫肥藩の下級藩士の長男として生を受けた人なのです。

二つめの若葉は「わかば」。このドラマの舞台のひとつが、じつは飫肥です。主要部分のロケがほとんど飫肥で行われています。オープニングのシーンにも飫肥のまち並みが大きく映し出されました。

しかし、飫肥というまちが、私はいささか好きすぎましてね。

この程度の尺では、まったく「帯（飫肥）に短し」でございますな。

住んでよし、訪れてよしのまち

私の中の席亭が限界を感じて、さっさと幕を下ろしたので、再びお邪魔する。

ここで東大名誉教授の木村尚三郎先生がかつて示された名言を紹介しよう。

〝都市の魅力づくりにとって欠かせないもの。**それは「安全安心」「歩く楽しさ」「食と買い物」の三つだ**〟

先生は、専門の西洋文明史にとどまらず卓越した教養人として敬愛され、軽妙洒脱な文章で書かれたエッセイで読者を魅了すると共にまちづくりや観光の権威でもあった。政府や多くの自治体のアドバイザーとして東奔西走されながら愛知万博の総合プロデューサーも務められた。二〇〇六年に他界されたが、その思想と功績は今も人々の心に残っている。

ひとつめの**「安全安心」**は、不安な時代だからこそ、不可欠な要素であり、都市の一番の魅力となろう。

災害に対して無防備だったり、しょっちゅう発砲事件や強盗に悩まされたり、さまざまな事故が相次いだりといった都市は、当然の話ではあるが、まったく魅力があるとはいえない。

加えて先生は、**人と人、人と自然、人と歴史**が和みあって安心を醸し出している都市が最高だと説いた。

この点において、飫肥はまさに最高のまちだと、実感する。

実際に訪れて、子供たちが元気に挨拶する光景を見ると「ああ、このまちはなんと人に優しくて安心できるまちなのだろう」とまちの心地よい空気を感じることができるだろう。

二つめの**「歩く楽しさ」**は、歩きながらそのまちの生活の匂いや、まち並みの美しさを楽しむことを意味する。

京都は、国内外を問わず観光客に圧倒的な人気がある。神社仏閣が多く歴史と文化を感じさせるまちだ。

旅館や料理店の見事なもてなしにはいつも感嘆させられる。四季折々の自然や風景もさることながら、それらを取り入れたしつらいや器づかいも素晴らしい。

さまざまな魅力に溢れる京都のまちで、木村先生は京都の路地を一番に挙げる。地元の方々は「ろぉじ」と呼ぶ。

「ろぉじ」の幅は、人の肩幅に合っているから安心感を生み、しかもそこここでカクカクと曲がりくねっていて、歩を進めるたびに新しい景観が開ける。その意外性がいいと説く。そして、「ろぉじ」には、人間の息づかいがあり、「くらしといのち」の知恵と楽しさが詰まっている。その楽しさを歩いて体感できる都市なら誰しも訪れたくなると。

同様の意味で、飫肥もまったく申し分のないまちである。電線のない落ち着いた町並みを眺めながら、ゴミひとつないほどによく手入れされた通りを散策する。歴史がはぐくんだ美しい家並みに人々の笑顔と挨拶が交じる。まさに、「歩く楽しさ」が堪能できるまちといえる。

三つめの**「食と買い物」**は、食事とショッピングが旅の大きな楽しみだということだ。美味しい料理やその土地の名物を手軽に五感で味わえ、お土産を選ぶ楽しさが体験できる都市が多くの人々を吸引する。その品が古くからの名産なら、なお申し分ない。

飫肥の名物は、飫肥藩に由来するおび天（揚げかまぼこ）や厚焼き玉子（殿様が好んだというフワフワ甘口の玉子焼き）だけではない。

近くに、カツオの一本釣りで日本一の水揚げ量を誇る油津（あぶらつ）港があり、新鮮なカツオの「刺身」や「かつおめし」、大人気のご当地グルメ「日南一本釣りカツオ炙り重」を味わうこともできる。

これらの木村先生のおっしゃる三つに加えて、まちづくりにはもうひとつ大切なものがあると思う。

それは、まちの人たちが地域の共同体意識を強くもつことだ。

「おらがまちは、おらたちの手で」と、そのまちに住んでいる人、働いている人が自分たちのまちをもっと**魅力あるまちにしようという気持ちを本気で抱き**、自分たちのできることから取り組みはじめることだ。

まちづくりは行政の仕事だとか、お金持ちの暇な人が何かしてくれるだろうとか、自分とは関係のないことと思いがちだ。違う。

まちづくりはけっして観光客のためだけのものではない。

木村先生もいつもおっしゃっていた。住んでよし、訪れてよしのまちづくりをめざす。**本気のまちづくりは、住人にも生きる自信と誇り、そして笑顔を与える**と。

世界遺産の合掌づくりで有名な白川郷（岐阜県）は、結（ゆい）によって支えられている。結とは、日本の中世から伝わる地域の中の互助組織のことをいう。農村で田植えなど人手が要るときにみんなで助け合うシステム、それが結だ。

白川郷では茅葺き屋根の葺き替えを町内の人が仕事を休んで数十人がかりで一気に仕上げる。自分たちの手で世界遺産を守り続けている。

先に挙げた、飫肥の住民たちによる「申し合わせ事項」も、自分たちで自分たちのまちをつくっていこうという高い意識が結実したもの。その高い意識が、小村寿太郎の生き方にも通じ、「わかば」のオープニングを飾った美しいまち並みとして表れているのだろう。

どの部署もやりたくなさそうだった「ななつ星」

唐池　ななつ星は、「走るホテル」も飛び越えて**「走るまち」**。私はつくづくそう思うんです。車内に広がる美しい眺め。まるで気持ちのいいまち通りのような景色は、まさに水戸岡さんの最高傑作ですな。

水戸岡　本物の素材を使い、本物の職人技を採用させていただいたからですよ。ななつ星のみならず、JR九州の新幹線やD&S列車全般に言えることですが、無垢の木材を使ったり、伝統工芸の細工を使用したり、という手段はコストやメンテナンス、車両重量があがることによる諸般の**リスクを整理・整頓できない鉄道会社だと受け入れることはできなかった**。

唐池　ななつ星のときは、私が社長になった一週間後には社内に向けて「こういう豪華寝台列車を走らせたいが」と関係部署からいっせいに見解と分析の吸い上げを行ったんです。そうしたらその一週間後、各部署からありとあらゆる問題点の列挙が上がってきた。どれも行間にありありと「やりたくない」(笑)。一方で、どの問題もクリアできないことはないと私は読み取った。

水戸岡　九州新幹線やD&S列車の経験があるから、唐池さんは「やれる」と判断できたんでしょうね。

唐池　よそでは当時実現できていなかったような水戸岡さんの提案をずいぶん呑んで実現させましたからな(笑)。それから、外食事業で取り組んだ店づくり、そして本章で触れた飫肥に見られるようなまちに学ぶところは大きかったように思います。

水戸岡　飫肥のまち並みにはずいぶん手間をかけた跡が見られますね。電線を地下に埋めてみたり。

唐池　他地域の自治体がそうしたくてもなかなかできずにいる、電線の地中敷設を、重要伝統的建造物群保存地区において遂げたことは大きかったでしょうね。ちなみに、この本の画を描いた山口晃画伯は電線や電柱も時として景観をなす、との見解をおもちのようですが、飫肥についてはその健やかな風景を気に入っていたようでしたね。列車も外食も、そしてまちづくりもやはり**手間をかけることが一番**です。

水戸岡　どこにどう手間をかけるか、ということもポイントですね。

唐池　そこです。じつはそういった議論に及ばずに終わってしまっているまちや地域が圧倒的に多い。**まちづくりにおいて大切なことはじつはプロセス**なんです。プロセスに力を及ばせることができれば、そのまちづくりは確実に成功するといっても過言ではない。

水戸岡　「南九州観光調査開発委員会」のときもそうでしたね。会議はあっという間に白熱した議論へと至り、いくつもの結論＝アクションを導き出した。私も、それらの結論を形にすべく、もの凄いスピードでデザインを描くことになりましたから実感があります。

唐池　南九州のときには当社が座を設けたけれど、山中温泉では上口昌徳さんが自身の「かよう亭」内のバーを議論の場として提供した。飫肥では住民たちで構成された「本町通り町並み研究会」が中心となって、歴史的建造物の修復、自主的な申し合わせの調整を経ての景観統一、さらには観光方針のとりまとめなどを行っています。そういうプロセスが生まれたらもう、まちづくりは成功へのサイクルに入っていくんですね。

学んだこと
まちづくりは成果以上に成果に至るプロセスが大事

いつでも最新の夢を

その気にさせる力①

1977年（昭和52年）　国鉄に入社
1987年（昭和62年）　JR九州に「入社」
1988年（昭和63年）　丸井で研修
1989年（平成元年）　SL「あそBOY」デビュー
　　　　　　　　　　特急「ゆふいんの森」デビュー
　　　　　　　　　　船舶事業の準備をスタート
1991年（平成3年）　「ビートル」国際航路開設
1993年（平成5年）　外食事業に着手
1996年（平成8年）　外食の新会社を創設
2000年（平成12年）　外食会社の社長に復帰
2002年（平成14年）　東京・赤坂にレストランオープン
2003年（平成15年）　「南九州観光調査開発委員会」を発足
　　　　　　　　　　「サービスランキング」を実施

2004年（平成16年）　社の信条に「4S（後に5S）」を加える

2006年（平成18年）　九州新幹線部分開業を指揮

2009年（平成21年）　会社初のM&A交渉を担当

2010年（平成22年）　JR九州の社長に就任
農業に参入

2011年（平成23年）　「JR博多シティ」オープン
九州新幹線全線開業

2012年（平成24年）　「うちのたまご」発売

2013年（平成25年）

「ななつ星 in 九州」運行開始

本章

［いつでも最新の夢を］

＊営業収支の目覚ましい改善、九州新幹線の開業、関連事業の拡大と黒字化。当初の期待を大きく上回る発展と成功を収めてきたJR九州だが、その理由はリーダーが次々と夢を提示し、全員が本気でその気になってきたから。そして今後も「新たな夢と本気」が必要だと、唐池恒二は考える。

2014年（平成26年）　JR九州の会長に就任

2016年（平成28年）　「駅から三百歩横丁」を博多にひらく
株式上場を果たす

2017年（平成29年）　JR発足30周年を迎える

その気にさせなければ成功などない

つぎの三つの力が働くと仕事は成功する。

一．夢みる力
二．「気」を満ち溢れさせる力
三．伝える力

すぐれた経営者の話を聞くと、この三つの力は、彼らに共通した資質だということがわかる。

三つの力は、言い換えれば、人や組織を**その気にさせる力**だ。

この力は、トップの資質だけでなく、店舗や商品づくりに取り組む際にも欠かせない。

仕事は、ひとりではできない。

少なくともひとりでは「いい仕事」は生まれない。ひとりで仕事をしているつもりでも、じつはまわりの多くの人に支えられているのだ。まわりの人がその気になって取り組まなければ、「いい仕事」とはならない。

会社であれば、社長が奮闘する以上に大事なことは、いかに部下の意欲を引き出し、部下をその気にさせるか、ということである。

商品であれば、どれほど品質がよくても、どれほど見栄えがよくても、どれほど宣伝に金をかけても、結果として**ヒットしなければ「いい商品」とはいえない**。お客さまが買ってみたいという気になり、実際に購入するという行動を起こさなければ、その商品が成功したことにはならない。

お客さまをその気にさせることが大事だ。

店づくりもそうだ。たとえば飲食店でいうと、店舗の内外装や機器類といった設備面だけでなく、店で働く人の陣容とその確保、料理の内容、サービスのあり方などありとあらゆることが店づくりには含まれる。そして、店づくりに関わるすべての人をその気にさせなければ、「いい店」はできない。そして、いくら「いい店」を作ったつもりでも、お客さまをその気にさせなければ店の真の成功はありえない。

仕事を成功に導くには、人をその気にさせる力が必要なのだ。

その気にさせる力には三つある。冒頭に挙げた三つがそれだ。

たびたびこの本に登場するななつ星は、まさにその気にさせる力の結晶である。

三つの力について、ひとつずつ順に述べていく。

リンゴやみかんの箱から夢を実現

ひとつめは「**夢みる力**」。

ソフトバンクグループの創業者、孫正義さんが会社を立ち上げたときのエピソードは、あまりにも有名だ。

孫さんは、プロ野球球団、福岡ソフトバンクホークスのオーナーでもあるが、出身高校も福岡県の久留米大学附設高校だ。その福岡でソフトバンクの前身の会社「ユニソン・ワールド」を創立したころ、孫さんは毎日のようにリンゴ箱でこさえた演台に立ち、社員と二人のアルバイトを前にして演説をおこなった。

「わが社は、五年以内に百億円、十年で五百億円の会社になる。三十年後には、売り上げを一丁（兆）、二丁（兆）と豆腐のように数えたい」

社員とアルバイトの二人は、「このおっさん、何をいい加減なことを言ってんだ」とばかりにすぐに会社を辞めてしまった。こんな大法螺吹きとは働けないと思ったのだ。

リンゴ箱の上に立ったのが一九八一年。三十年後、二〇一一年度のソフトバンクグループの決算では、売上高は三兆円超、営業利益は六千七百億円超を計上している。

孫さんも三十年でここまでになるとは想像していなかっただろうか。いや、孫さんなら必ず実現できるという強い確信があったかもしれない。ここのところが、孫さんの凄さであり、夢みる力の凄さだとあらためて感じ入る。

もちろん、夢を語るだけでここまでになったわけではない。夢の実現に向けて、強い情熱と、優れた経営感覚、並外れた行動力が孫さんにあったから成し遂げることができたのだ。

しかし、まず夢を描き、**夢を言葉に乗せて語った**からこそ、進むべき方向が明確になったのだ。また途方もない夢であればあるほど、孫さん自身の意欲が駆り立てられたのだろう。そして最終的に、まわりの人間をその気にさせるに至らしめたのだ。

本田技研工業の創業者、本田宗一郎さんも同社創立まもないころ社員を集めて熱く語ったエピソードが語り継がれている。

「世界一でなけりゃ日本一じゃねえんだ!」

本田さんもやはりリンゴだかみかんの箱の上に立ち、高らかに夢をぶちまけた。

(どうも、その気にさせる三つの力に、リンゴやみかんの箱の上に立つことも加えなくてはいけないかもしれない)

松下電器産業(現パナソニック)の創業者、経営の神様といわれる松下幸之助さんの言葉にこういうものがある。

「人がこの世に生きていく限り、やはり何かの理想を持ちたい。希望を持ちたい。それもできるだけ大きく、できるだけ高く」

京セラやＫＤＤＩの創業者でＪＡＬ再建の立役者とされる稲盛和夫さんも夢について語っている。

「ビジネスを成功させるためには、夢を抱いてその夢に酔うということがまず必要だ。夢に酔っていればこそ、それを実現させる情熱が湧いてくる」

ＪＲ九州の社長に就任してすぐに、当時の幹部たちに世界一の豪華な寝台列車をつくろうと提案した。

鉄道事業にも新たな夢をもちたいと思ったからだ。

ＪＲ九州の鉄道事業には、一九八七年の会社発足以来大きな夢があった。

ＪＲ九州は、本州のＪＲ東日本、ＪＲ東海、ＪＲ西日本のように、東京、名古屋、京阪神といった人口の極めて稠密な三大都市圏をもたず、新幹線も発足当時は保有していなかった。九州内の鉄道路線の大半が赤字のローカル線で、鉄道の収支も大赤字だった。

そうした中、すべての社員が、新幹線を自社で運行したい、九州に新幹線があれば当社もこれからなんとかやっていけるだろう、との思いを抱いていた。

九州新幹線については、一九七三年に整備計画が決定されたものの、財源スキームなどの諸条件が整わず建設の着工が長い間凍結されていた。紆余曲折を経て、国鉄改革から十年余り経った一九九八年になんとか着工にこぎつけた。この間の関係者の血のにじむような努力には、あらためて頭が下がる思いである。

二〇〇四年三月、九州新幹線の南半分、新八代駅（熊本県八代市）から鹿児島中央駅（鹿児島市）までの部分開業をおこなった。七年後の二〇一一年三月、ようやく九州新幹線が全線開業した。整備計画の決定から三十八年を経ての快挙だ。

一九八七年に発足したＪＲ九州にとっては、二十年以上に及ぶ悲願がようやくかなった形となった。全社員がこの日の来るのを待ち望んでいた。大きな夢が実現したのだ。

夢のあとに、また夢を

夢が実現するということは、夢が夢でなくなるということだ。

そのころＪＲ九州では、鉄道以外の事業も軌道に乗り、飛躍的な成長へと繋がっていきそうな勢いがあった。駅ビル、マンション、ホテル、流通、外食といった、ＪＲ九州発足以来に取り組んできた新規事業がいずれも花を咲かせ実を結びつつあった。

近い将来に、それらの関連事業が鉄道事業と並び立つ、あるいはそれ以上の経営の柱になるというひとつの夢が手の届くところまでやってきた。あとはもう、つぎつぎにそれぞれの事業の夢が広がるばかり。

では、鉄道事業はどうしよう。

新幹線というでっかい夢がもうすぐかなないそうだ。その夢がかなった後に何をすればいいのだろうか。

次なる夢を描かなければいけない。夢がなくなった組織は、途端に進むべき方向を見失う。何に向かって努力をすればいいのかわからなくなる。

次の夢は、何にしようか。

九州新幹線の全線開業の二年前、二〇〇九年秋のこと。

社長に就任した私は、豪華寝台列車の構想をぶち上げた。

これを、新幹線の次の夢にすることとした。

しかも、単なる豪華な列車ではない。

「世界一の豪華寝台列車を走らせよう」

〝世界一〟に、最初は社員たちの反応は鈍かった。

冷ややか、といってもよかったかもしれない。

しかし、この話を事前に打ち明けた水戸岡鋭治さんだけは目を輝かせた。

「ぜひ、やりましょう！」

「ななつ星 in 九州」のプロジェクトはこうしてスタートを切ることとなった。

社内反対派の急先鋒だった運輸部長の古宮(ふるみや)洋二さんを、このプロジェクトのリーダーに据えた。

（しかしなんだねえ、ＪＲ九州という会社はとんでもない会社だね。社長がこれをやろうと旗を振っているのに部下が平気で反対するのだから。風通しのいい組織といえば格好がいいが、私から言わせれば、風通しどころか、いつも社内に強風が吹き荒れているような気がする。でも、まあいいか、おもしろい会社であることには違いない）

古宮さんは根っからの仕事師。

だから、いざプロジェクトの責任者に就くと一転して強力な推進派に変身した。あまりの変わり身の早さに多少不安を覚えたほどだったが（失礼！）、とにかく目論見通り実に頼もしいリーダーが誕生した。古宮さんの強力なリーダーシップのもと、夢の実現に向けた動きが加速されたように思う。


いよいよ車両の製作やクルー（客室乗務員）のサービス研修、料理の検討といった具体的な準備段階に入ったとき、〝世界一〟という言葉の魔力が、準備にあたるすべての人に相当なプレッシャーを与えることとなった。

車両の製作を担当する技術者たちは、〝世界一〟の車両づくりに関われる喜びと誇りを感じながらも、かなりの緊張感と集中力を強いられたはずだ。

そして、ひとりひとりが同じ思いを抱いた。

「自分の持っている最高の技術と熱い思いを、このななつ星にぶつけよう」

〝世界一〟という言葉が、技術者たちを熱く燃えさせた。

クルーたちのサービス研修も半端じゃない。

ななつ星の運行開始の一年前に、社内外からサービスの達人ばかりが集合した。

社内からは、千人以上いる車掌や客室乗務員の中から、接客に特に優れた十二名を厳格に選考。

社外に対しては、一度だけ新聞に「ななつ星のクルー募集」という小さな記事が掲載されただけだったが、応募者が殺到した。まだななつ星の車両の製作にとりかかる前で、ななつ星の旅の中身も全然決まっていないころだった。

にもかかわらず、全国からサービスのプロたちが手を挙げてくれた。航空会社の国際線のベテランCA（客室乗務員）、海外の一流ホテルでキャリアを重ねたプロのホテルマン、国内の一流ホテルのコンシェルジュ、クルーズ客船に乗務していた人、高級レストランのソムリエ、日本有数のバーテンダーなど。審査の結果、三百人を超える中から、十三名に採用通知を出した。

社内から十二名、社外から十三名の合計二十五名で一年間、サービスの研修をおこなった。

社外から採用されたひとりに尋ねた。

「どうして、あなたはななつ星のクルーに応募してくれたのですか？」

「〝世界一〟の列車ということに感動したからです」

運行開始までの一年間、サービスの達人たち二十五名には、さらなる達人となってもらうべく、厳しい研修と訓練が課されることとなった。

みんな耐えて頑張った。ひとりの脱落者も出さずに研修が修了した。

〝世界一〟のサービスをめざしたからこそ、過酷な研修を続けることができたのだろう。ななつ星に直接関わる人だけでなく、ＪＲ九州グループのすべての社員にとって、〝世界一〟が夢となった。〝世界一〟の豪華寝台列車を走らせるとぶち上げたときから、すべての社員の夢となった。

九州の人たちも、〝世界一〟という言葉に酔った。そして、〝世界一〟の列車が自分たちのまちを走ることに誇りと自信をもつようになった。

何度でもいう。「気」が大切だ

二つめの「『気』を満ち溢れさせる力」。

「気」は、この本にもたびたび出てくるが、あらためて簡単に説明しておきたい。

「気」とは、宇宙万物エネルギーのもと、と辞書にある。もともとは、中国思想からきたものだが、西洋でも同じような認識がある。

西洋では、〝energy〟という言葉で理解されている。元気だとか元気がないとかの言葉でわかるように、**人はみな「気」をもっている**。「気」が人の活動の源だ。

「気」は、「気」の満ち溢れ方次第で人の思考や行動の勢いに差がでてくる。

「気」は、ひとりひとりの人間だけでなく、組織にもある。

「気」に満ち溢れた組織には、活気と緊張感がある。

店に「気」が満ち溢れると、その店には多くのお客さまが来店しその店の売り上げを増やす。職場に「気」が満ち溢れると、その職場は元気になり仕事がどんどんはかどる。会社全体に「気」が満ち溢れると、その会社の業績はよくなる。

そう、私は固く信じている。

いわば、私は「気」を崇拝する者であり、「気」の信者だ。

嬉しいことに、世の中には、私と同じような信者がたくさんいる。

最近、よくいろいろなところに呼ばれて、講演や卓話をすることがある。そのとき、「気」の話をするとほとんどの人が大きく頷きながら聞いてくれる。講演終了後には、聴講された何人かが近づいてきて握手をされる。

「『気』の話がよかった。まったく同じ考えです」

私はちょっと変わった趣味をもっている。

工場見学だ。

他社の工場を訪問し、ひとつひとつの製造現場を見て歩くのが好きだ。

工場見学をすると、その工場に「気」が満ちているかどうかがすぐにわかる。

大阪の安治川口にある、住友金属工業（今は新日本製鐵と合併した）の鉄道の車輪製造工場の見学をしたときは、工場に入った瞬間、その工場にたくさんの「気」が詰まっているのを感じた。

この第一感は、たいてい当たる。

工場の幹部の人に案内されながら工場内を順に歩いていくと、作業中の人から声をかけられる。ほとんど例外なく、かなり精密で高度な作業をしている人でさえ、こちらに笑顔を向けてくれるのだ。

「こんにちは！」

みんな、元気で明るい。まわりに目をやると、どの作業場も秩序よく整理・整頓されていて掃除が行き届いている。

挨拶と整理・整頓は、「気」を呼び込む有効な手段だ。

（ああ、いい職場だな）

こんな「気」に満ちた工場でつくられる製品は、安心できる。さぞかし製品にも「気」が乗り移っているだろう。もちろん、品質も最高のレベルに違いない。

会社に戻り、車両課長に尋ねると、わが意を得たといわんばかりに答えが返ってきた。

「あそこの車輪は、一番信頼できます！」

鉄道会社にとって、車輪とレールは最重要の資材だ。これらにわずかでも瑕疵（かし）があったら、列車は重大な事故を引き起こす。だから、それらの調達には神経を使う。製造現場が信頼できるかどうかが大事だ。当社の車輪は、安治川口の工場のものに限っているそうだ。じつは、当社だけでなく、日本の鉄道会社の車両の車輪は、ほとんど例外なくこの工場でつくられたものが使われている。

（十分納得できるね）

では、会社に、組織内に、職場に、店に、従業員ひとりひとりに、「気」を満ち溢れさせるにはどうすればいいか。

この本の中で何度も述べているが、もう一度強調しておきたい。

「気」を満ち溢れさせる五つの法則

一．スピードのあるきびきびとした動き
二．明るく元気な声（挨拶や会話）
三．スキを見せない緊張感
四．よくなろう、よくしようという貪欲さ
五．夢みる力

ひとりひとりがこの五つの法則を心に留めておくだけで、その場所に「気」を満ち溢れさせることはできるのだ。

九州みちゆき記
ななつ星☆
「古代漆色」の
深い艶に金具の金が
映える。
いい色
車内もいい色
木材がふんだんに
使われている。
透き漆をふき込んだ
様な風合い。
落ちついた
清々しさ。
こんなの
初めて
見たな
ダイニングカーで
大将が仕込む鮨ネタ
の色も実にいい
旨そー
赤いジュータン
乗客が嬉しそう
なのは解るが、
乗務員も何やら嬉し気
なのが印象的であった。

すべてを整理・整頓してから真似る

水戸岡　「その気にさせる」ということは、私が唐池さんにいちばん強く感じるものですね。初めてお会いしてからもう三十年近くになるけれど、何度となく、その**独特の言葉の用い方**でその気にさせられてきたから、それにつられるようにしてデザインの線を引き続けてきた。

唐池　たとえば「世界一！」のななつ星とかですか。

水戸岡　そうですね。もう自分ではあきらめていた豪華寝台列車をやる、というだけで凄いのに「世界一！」とくるものだから、**ついついスケッチを本気で描いてしまった**。そうしたらいきなり却下でしたけど（笑）。

唐池　そうそう。未来形のデッサンを描いてこられたから却下しました。ななつ星は未来形でなく、クラシックだろうと思っていましたから。

水戸岡　未来形でなくクラシック。そういう具体的なコンセプトに及ぶことまで言ってくれるから、私の場合はデザイン作業に「その気」が宿る。そのつもりで描ける。

唐池　水戸岡さんとは長いつきあいですし、ディテールに及ぶ話を都度都度してきたから、すぐにそのレベルまで「その気」になっていただけるのでしょうが、多くの場合はもっと基礎的な部分から「その気」に着火させなくてはなりません。そういうときにどうするか。当時勢いのあった企業や繁盛店、その経営者たちの立ち居振る舞いというのは非常に参考になりましたね。優れたトップは目の前にいる人をみんな「その気」にさせるんです。一緒にいると、なんだか元気になってしまう人っているものです。

水戸岡　大きな仕事をやりきるエネルギーもさることながら、**気がこまやか**なんでしょうね。現場のスタッフ一人一人に至るまで気を配り、場を明るくする。

唐池　私は真似をするんです。「これは」と思った人の、特に心ひかれた部分を絞り込んで、忠実に真似をします。なんでもかんでもは取り込まない。**余分なものは大事なものを必ず邪魔するから、整理・整頓して真似る。**水戸岡さんは昔から「デザインは引き算」と言うけれど、私が人を見習うときも引き算で整理・整頓してから真似る。

水戸岡　たしかに唐池さんは、いろんな方のエッセンスを細かく刻んで取り込んで、実際に話されているところがありますね。そうやって咀嚼しているから、私に対してもいつも短い言葉でリクエストをされ、わかりやすくて印象に残るんですね。「世界一」「日本一」「クラシック」といった具合に。

唐池　一度くらい話しても、多くの人は忘れますから。大事なことは短い言葉で何度も言わなくてはいけません。水戸岡さんは特別です。私がぽろっと言ったことに反応して、スケッチにまでしてくる（笑）。

水戸岡　いざというときの唐池さんは、短い中に「夢」と「気」をぶわっと込めて「伝えて」くるから。みんな、そういうときに心中で激しく盛り上がっていると思いますよ。そういうわけでななつ星は魔法をかけられて、「世界一」に向けて盛り上がったがために、例外的に「足し算」のデザインとなりました。

学んだこと

「夢」と「気」と「伝える」、この三つの力が人をその気にさせる

その気にさせる力②

本気を伝える戦略

1977年（昭和52年）	国鉄に入社
1987年（昭和62年）	JR九州に「入社」
	丸井で研修
1988年（昭和63年）	SL「あそBOY」デビュー
1989年（平成元年）	特急「ゆふいんの森」デビュー
	船舶事業の準備をスタート
1991年（平成3年）	「ビートル」国際航路開設
1993年（平成5年）	外食事業に着手
1996年（平成8年）	外食の新会社を創設
2000年（平成12年）	外食会社の社長に復帰
2002年（平成14年）	東京・赤坂にレストランオープン
2003年（平成15年）	「南九州観光調査開発委員会」を発足
	「サービスランキング」を実施

社の信条に「4S（後に5S）」を加える

2004年（平成16年）　九州新幹線部分開業を指揮

2006年（平成18年）　会社初のM&A交渉を担当

2009年（平成21年）　JR九州の社長に就任

2010年（平成22年）　農業に参入

2011年（平成23年）　「JR博多シティ」オープン

九州新幹線全線開業

2012年（平成24年）　「うちのたまご」発売

2013年（平成25年）　「ななつ星 in 九州」運行開始

2014年（平成26年）　JR九州の会長に就任

本章

「駅から三百歩横丁」を博多にひらく

［本気を伝える戦略］

＊「人は聞いてもすぐ忘れる」。これは唐池語録に古くからある不変の信条。リーダーとして何度となく、そういう場面に立ち会ってきたからこそ「伝える」ことの手段にはあれやこれやと心を砕く。丸井のアイデアや一世を風靡したコピーライターの仕事に倣い、今日も「伝える」を考える。

2016年（平成28年）　株式上場を果たす

2017年（平成29年）　JR発足30周年を迎える

「伝える」って簡単ではない

「伝える」って、簡単なことだ、と考えている人が多い。

送り手は、情報を受け手に対し、ただ投げつければそれでいい、と思いがちだ。

一方、受け手のほうは、**情報にそもそも無関心**なものだ。

自分の欲しい情報、興味のある情報は、なんとかして手に入れようとするが、そうでない情報に対しては興味をもたない。ましてや、送り手から押しつけがましく投げつけられる情報に対しては、忌避する傾向がある。嫌悪感すら抱くことがある。

結果、手元に届いた情報に見向きもしない。**「伝える」ということは大変な力仕事であり、頭脳戦**であるということを認識しないといけない。

「その気にさせる力」として、「夢みる力」と「『気』を満ち溢れさせる力」について述べてきたが、その二つの力を最大限に引き出すものが「伝える力」だ。

「伝える力」がうまく働かないと、先の二つの力も弱まってしまうのだ。

確実に「伝える」には、それなりの能力が必要だ。そして、確実に受け手に「伝える」には、**「伝える力」の戦略**を三つほど身につけなければいけない。

「伝える力」の戦略の一つ目は、**①「興味を引く表現方法」**だ。

まず、無関心であり、嫌がりさえする受け手がその情報に興味をもつように仕向けなくてはならない。

JR九州が発足したばかりの一九八七年、三十四歳の私は、東京の流通業界で当時最も勢いのあった丸井で四カ月間の研修を受け、多くのことを学んだ。これについては、前半の章「丸井学校への入学」でも述べているが、ここではさらに、丸井の「伝える力」について触れてみたい。

じつは私が研修を受けている期間中、丸井では抜本的な人事制度の改革がおこなわれた。改革の実務を担当したのは同社人事課で、主導したのは酒井米明人事部長（当時）だった。

前述の章でも酒井さんのことを紹介しているが、ここでも酒井さんに登場してもらう。

酒井さんは、私が今まで出会った経営者の中で一番印象に残った方だ。そして、一番多くのことを教えていただいた方といってもいい。丸井の名経営者として知られる、青井忠雄社長（当時）を実質の番頭として長い間支えてこられ、そのころの丸井の大躍進に大きく貢献した人物である。経営学全般に通じていることはもちろん、心理学にもマーケティング学にも長けていることを感じさせる場面や発言に数々遭遇した。若いころ労働組合の副委員長まで務めたことで、人事労務の権威としても高く評価されており、同業他社の経営者の少なくない方々が、酒井さんに教えを請いに来たと聞く。

その酒井さんが主導した勤務体系と賃金制度の改訂を含む人事制度の改革は、それまでの丸井の仕事のやり方を大きく変えるものとなった。私が興味をもったのは、画期的な人事制度改革の内容より、その改訂の中身を全社員に伝えるうえで酒井さんが採用したある手法だった。

新しい人事の規則や制度を社員に伝える方法は、いくつもあるだろう。たいていの会社は、規則や制度を堅苦しい活字で、漢字を目いっぱい使って、法律の条文のような文体のまま通達か事務連絡といった印刷物で社員に告知する。

「そんな伝え方では、絶対に社員には伝わらない」

人の心理からも経営を説いた酒井さんは、無機質な活字だらけの印刷物を社員に配布しても、社員はその難解な書類なんか読むわけがない、と見抜いた。そうした酒井さんの考えを丸井の人事課の人たちはよく理解していたので、普通の会社のように、規則集を作成してそれを社員に配布するだけ、ということをしなかった。

では、丸井の人事課はどうしたか。

マンガを作成した。

未来の世界から来た産業スパイが、八〇年代の丸井の社員たちから画期的な人事制度について学んでいくという面白おかしい物語風のマンガにまとめたのだ。

規則文なら三行で済むところを、漫画にすると三ページにもなってしまう。だから、出来上がった「時間学ノススメ。」というタイトルのついたそのマンガは、三十ページ超の〝作品〟となって完成した。

しかし、無機的な規則文よりもマンガのほうが、社員にとっては興味が湧くからありがたい。そして、読みやすい。

読みやすいということは、その分だけ手間がかかっているということ。当時の人事課のみなさんがこのマンガを制作する労力は大変なものだっただろう。彼らの奮闘ぶりが目に浮かぶ。

丸井の人事課は、社員に伝えるにはどうすればいいかを真剣に考えた。社員が読みたいと思うようなもの、読んで楽しめるものは何かということを追求した結果が、マンガという形になったのだ。

伝えたいことをきちっと伝えるには、相当な手間がかかる。

「興味を引く表現方法」について、真剣に考えいろいろと工夫しなければいけないということだ。

きちっと伝えるには、興味を引くための最善の表現方法を追求しなくてはいけない。丸井か

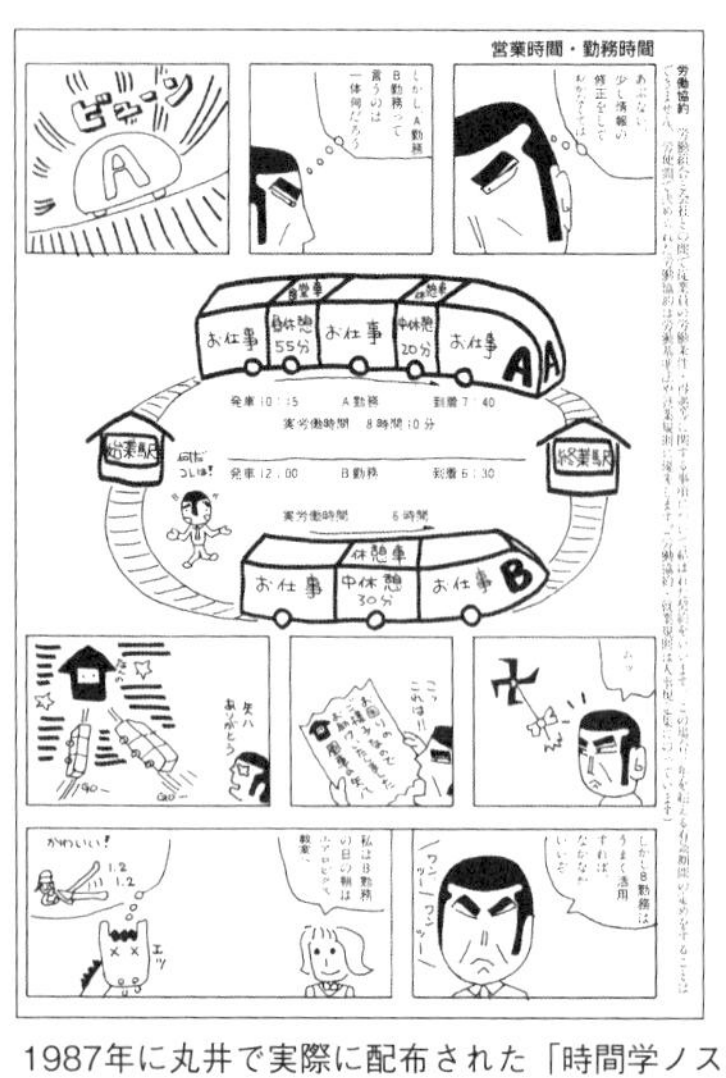

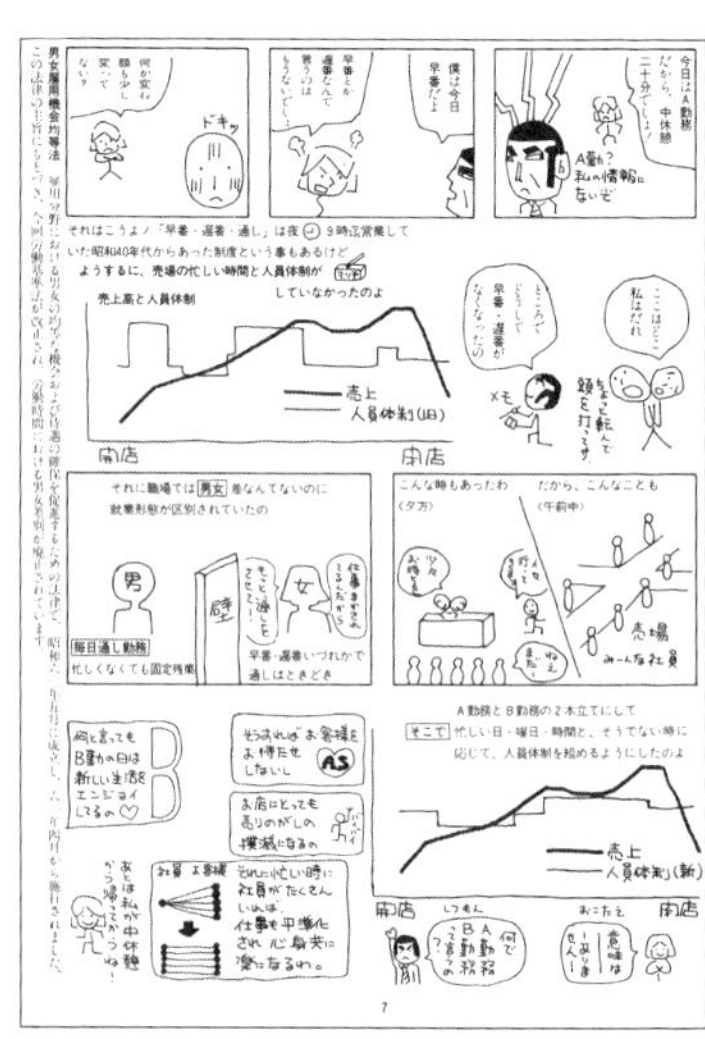

1987年に丸井で実際に配布された「時間学ノススメ。」より。

ら最初に教わったことだ。

「興味を引く表現方法」は、言葉に限らない。

たとえば、雑誌の売り上げは表紙の出来不出来によっても大きく左右されるものと聞く。ファッション誌や女性誌などは特に顕著で、売れっ子の俳優やモデルが表紙に登場すると売り上げが大きく伸びることがあるという。また、当代きっての画家が手掛けた、などというのも大いに興味を引くようで、たとえば、かの山口晃画伯が京都・祇園祭をテーマに表紙を描いた『婦人画報』二〇一三年八月号は近年稀に見るセールスを記録したとか。

ちなみに、この拙著の表紙や挿画も山口画

伯が渾身の力を込めた筆によるものだ。はたして、今回も「近年稀に見る……」となるのか。

（いい加減にしなさい！）

できるだけカットするのだ

丸井から教わった「伝える力」の戦略の二つ目は、②**「絞り込み」**だ。

丸井では、何かを誰かに伝えるとき、「絞り込み」をおこなった。

たとえば、宣伝。

当時、丸井は「ヤング戦略」と称して、ターゲットを絞り込んだ営業展開をしていた。店づくりも商品構成もそこに特化していた。宣伝もそうだ。ターゲットを若者に絞り込み、若者にきちっと届くような宣伝に力を注いでいた。ポスターのデザインもCMも若者に受けるような、若者の心をぐっとつかむようなものに徹底していた。

当時、関東地区で夜の十一時以降にテレビを観ていると、どのチャンネルからも丸井のCMが目に飛び込んできた。それも、頻繁に。同社営業本部の担当者に当時尋ねると、若者がテレビを観るのは、圧倒的に深夜が多いから、その若者の生活のリズムに合わせてCMを流す時間帯を深夜に限定しているのだと答えてくれた。そして、その時間帯のＣＭ放映料がゴールデンタイムよりも安いから、とも。そのあたりのことも非常にきっちりされている会社である。

また、酒井さんの話に戻る。

酒井さんは、人事部長を七年務めたあと営業本部長に就いた。一貫して唱えたことは、「かっこいい丸井をつくる」ということだった。人事部長時代に大胆な人事制度改革を断行したのも、「かっこいい丸井をつくる」ためだ。業界で最先端の人事制度のもとで、社員に思う存分「かっこよく」働いてもらおうと考えたからだ。社員に、丸井で働くことがかっこいいと感じてもらうためだ。

酒井さんのその思いは、青井忠雄社長の考えにも通じている。青井社長は早くから「ヤング戦略」を打ち出していた。丸井の店づくりをその方向に舵を切ったのは青井社長であり、それを支えたのが酒井さんだった。二人は強力なタッグを組み、販売ターゲットを絞り込み、〝業界の風雲児〟丸井を押し上げた。

そんな丸井の**会議資料や報告書は、原則一ページにまとまっていた。**情報を絞り込んでいるのだ。しかも、**結論が一番先にくる。**

特に、上司に説明する資料は、こうでなければいけない。青井社長は、何が言いたいのかわからないような饒舌な報告や説明が大嫌いだったと聞いたことがある。

いわゆるお役所型の文書は、こうはいかない。どこに結論があるのかと探していると、資料を数ページめくった最後のページの終わりあたりにやっと出てくる。

ＪＲ九州も威張れたものじゃない。最近ようやく「資料は紙一枚」に近づきつつあるが、まだまだ約三十年前の丸井に到底及ばない。

伝えるときは、一番大事なことがきちっと伝わるようにしなければいけない。そのためには、大事でない情報を排除しなくてはいけない。そのうえで、一番大事な情報が真っ先に目に飛び込むようにしなければいけない。音声情報なら、真っ先に耳に入るようにしなくては。

伝えるには、情報を絞り込み、優先順位を明確にすることが大事だ。余計な情報、それほど重要でない情報は、**できるだけカット**しなくてはいけない。

余計な情報は、大事な情報を駆逐するのだ。

字面もいい、音もいいキャッチコピー

つぎに、③**「シンプルでわかりやすく、心に刺さる言葉」**について述べる。

二十年ほど前までに東京で暮らした人なら誰でも、丸井に関して耳に残っている言葉がある。

「駅のそばの丸井」「赤いカードの丸井」

私などは、テレビのCMで、何度も観て聞いているから、このキャッチコピーが頭にこびりついている。

都内のどこでもいい、ある駅に降り立ったとしよう。駅の改札を出たとき、なぜかまわりを見渡してしまう。駅の傍に丸井があるのかな、と探してしまう。それくらいに、「駅のそばの丸井」という**言葉に生命力**があるのだ。今でも頭の中に生きている。

「おいしい生活。」

これは丸井ではないが、西武百貨店が一九八二年に打ち出し、一世を風靡したキャッチコピーだ。作者は、天才コピーライターの糸井重里さん。初めてこのコピーを目にしたとき（いや、耳にしたとき）、「うまい！」（おいしい、ではなくて）と思った。

このほかにも、天才は西武百貨店の大ヒットコピーを数々生み出している。

「じぶん、新発見。」（一九八〇年）

「不思議、大好き。」（一九八一年）

同じく天才コピーライターの仲畑貴志さんが絶賛した糸井さんのコピーはこれ。

「サラリーマンという仕事はありません。」

一九八七年に世に出た、西武セゾングループの求人広告に使われたものだ。

まさに同時代に、私は「丸井学校」で研修を受けるために東京生活を送っていたから、糸井さんのコピーにも少なからず影響を受けた。


時が経って、私もマネをしてみたくなった。

二〇一六年四月、博多駅前にオープンしたＪＲＪＰ博多ビル。郵便局の跡地活用として開発された、新たな九州最大級のオフィスビルだ。オーナーは、ＪＲ九州と日本郵政（ＪＰ）の二者。この地下一階に福岡の居酒屋、レストランの人気店ばかりを集めた、懐かしい横丁のような通りをイメージしたスペースをつくった。

ビル開発の担当者が、このスペースの「キャッチコピーというか名称というか……を考えてください」とそれほど熱心ではない態度で頼みにきた。こちらもそれほど熱心には考えないというスタンスで、ネーミングをひねり出すことにした。

「この通りは、博多駅の正面の出口からどれくらい離れているの？」

「だいたい二百五十メートルくらいでしょうか」

「あ、そう。一般の方の歩数にしておよそ三百歩というところかな」

「そうですね……」

「決めた！」

「決まりましたか」

「『駅から三百歩横丁』。どう？」

「いいですね」

担当者は、それほど感心した風でもなく、棒読みのせりふを吐いた。


しかし、後から考えてみたら、これがなかなかいいネーミングだった。字面もいい。音もいい。これなら心に刺さる。ほくそ笑む私であった。

駅の傍ではないが、駅から二百五十メートルを三百歩としたところが、距離感が伝わっていい。駅に着き「横丁」に行こうと思ったとき、三百歩だから近い、と足取りも軽くなる。一杯飲んで帰宅するにも、駅まで三百歩だから、と電車の時刻を気にせず安心して飲める。

今や、「三百歩横丁」は連日大にぎわいだ。

もちろん、この繁盛ぶりは、ネーミングだけからきているのではない。名店ぞろいで料理の味がいいことが繁盛をもたらしている。これこそ最大の理由であることはいうまでもない。

「伝える力」戦略をあと三つ

ここまでに挙げた、①「**興味を引く表現方法**」、②「**絞り込み**」、③「**シンプルでわかりやすく、心に刺さる言葉**」の三つのほかにも、もう少し皆さんに伝えておきたい「伝える」戦略があるので、記しておくことにする。

④「**何度も繰り返し発信する**」

多くの人は聞いたことを忘れるものだ。情報は、同じことを何度も繰り返し発信すると次第に伝わっていく。企業のトップが、夢や経営方針を何度も繰り返し語ることによって、その考えが社員に浸透していく。

⑤「**二メートル以内で会話をする**」

話し手と聞き手の距離を縮め、二メートル以内で会話すると、話し手の心が相手に通じるようになる。テレビで観ていても全く好きになれなかった有名人のことを、たまたま間近で話したら瞬く間に虜になって、ファンになってしまうことがある。その有名人が成功している理由は、**二メートル以内の達人**だから、ということが少なくない。

⑥「『気』を込める」

何事も、なんとかこのことを相手に伝えたいという熱意を隠すことなく、気魄をもって相手に訴えると不思議と伝わるものだ。そのときに具体的に訴えたという事実と、口をついて出た言葉は、豊かな経験という形になって、その後の自分を助けてくれる。

私が考える「伝える力」の大切さ、難しさ、いつになっても考え終わらぬ面白さが皆さんにも伝わっただろうか。

伝える側である私の「伝える力」不足のためにうまく伝わっていないかもしれない。そこのところは、読者の皆さんのほうで**何度も繰り返し読む**ことで補っていただければ幸甚である。

結論をキャッチコピー風にまとめてみる。

「伝えても、伝わらなければ、伝えたとはいえない」

自分では伝えたと思い込んでいても、受け手からするとまったく内容や趣旨が理解できていないことがある。これでは、伝えたとはいえない。

受け手が情報の中身を知ることが最低限必要だ。できれば、知るだけでなく、**情報を知って**

その情報に対して受け手が感動するところまで伝えられたならば、伝えることが半分は達成できたといえる。**受け手が情報に感動しても、その情報から行動に移らなければ、伝えることがすべて完了したとは言えない。**伝える作業が半分終わった、ただそれだけに過ぎない。

視聴者がテレビのコマーシャルを観て、ある商品の存在を知る。知るだけでなく、美味しそうとか、欲しいなあと感動する。ここまででも、かなり出来のよいＣＭといえるが、それでも「伝える」ことを完了させてはいない。

実際に、その商品を購入するという行動に移ってこそ、ＣＭの最大の目的を達したことになる。ＣＭという視聴者への伝達手法がその使命を全うしたことになる。

この拙著も、書店で並んでいることを認識されるだけではいけない。面白そうだから買ってみようかな、と購買欲を刺激しなければいけない。

実際にこの本を購入してもらったら、この本の「伝える力」は半分果たされたことになる。

購入してもらったなら、繰り返し読んでいただくことで、この本の「伝える力」は、限りなく百点に近づいていくこととなる。

ぜひ、共に百点を！

唐池恒二×水戸岡鋭治
本音で申す

社内文書ゴシック令

水戸岡　本章で「伝えるって簡単でない」とありましたが、本当にそうですね。唐池さんが全社的に社内文書の書体変更を課したのは二〇〇六年ごろでしたか。

唐池　そうですね。常務取締役になったころですかね。変えましたね。書体、すべて変えました。それまで全部明朝体だったものをすべてゴシックに。とりわけ**MSゴシック太字を推奨**しました。明朝体というのは保存用の資料にはまだいいけれど、プレゼンテーションの場合は文字から気魄が感じられないからダメ。だから全部ゴシック体にして徹底したんです。だから現在、当社の資料は全部ゴシック体。

水戸岡　私はデザイナーですから、手掛けた仕事はグラフィックデザインであれ、服飾であれ、そして建築であれ、すべての要素をコントロールしなくてはいけないと思っています。一方、唐池さんは経営者なんだけど、デザイナーと同じような感性ですべてコントロールしなくてはいけないという使命感をもっている。本当に珍しい人だと思います。私のような専門職のプロが抱えている感覚をなぜだか唐池さんはもっていて、大事にされているんですよね。

唐池　それはほれ、アレですよ。経営者だからこそ、効率よくすーっと大事なことを伝えて、相手の中に定着させなくてはいけないから。だからその手法を一生懸命考えて、工夫しようとしているだけのことです。

水戸岡　心の底から驚いたのは、書体もそうですし、声の出し方、動き方、その人間がもっているあらゆる能力というか、**五感に訴えるものはすべて言語化したい**、**数値化したい**と唐池さんがいつだか言ったこと。数値化するという行為は、英語でいうとナンバーセンス、日本語で表すならば**「数覚」**と私は勝手に呼んでいるんだけど、これは**プロとして私が密かに大事にしてきた言葉**であり感覚なんです。

唐池　あらま。そうですか。これは初耳だった。数覚、いい言葉ですね。そうそう、私は自分の考えていることを人になるべく早く正確に楽しくわかりやすく伝えたいといつも思っているから、何か基準が欲しくなって、そういう意味のことを水戸岡さんに言ったんでしょう。水戸岡さんの作るものは、今聞いたことでそのまま表すなら、まさに数覚化されたものの集まり。いちばん鋭い存在である子どもたちが喜ぶことが、何よりの証明でしょう。

水戸岡　今、世界中の数学者やサイエンティストたちがコンピューターを使って一生懸命取り組んでいるもののひとつが人間の感覚に効率的に働きかける手法、テクニックの数覚化ですよ。それを唐池さんは、昔から社内メッセージで落語の手法を使ったりして（笑）、社員の感覚に訴えようとしていた。

唐池　究極形は、若かりし私に強烈なインパクトを残した丸井の人事制度の改訂を伝えるマンガですね。先日、外務省が〈ゴルゴ13〉をキャラクターに海外での安全対策マニュアルを作成したとニュースで流れましたが、丸井は官庁に先駆けること三十年くらいの早さだったわけです。

水戸岡　そういうめぐり合わせも手伝って、今ここに非常に珍しい経営者が出来上がったわけですね。

学んだこと

伝えても、伝わらなければ、伝えたとはいえない

「本気」の学び

◆学び一　逆境と屈辱は、人と組織を強くすることがある

◆学び二　デザインと物語は、いい仕事・いい商品・いいまちづくりに不可欠

◆学び三　武者修行は最高の鍛錬の場

◆学び四　継続は力なり。継続するにも力が要る

◆学び五　熱意と準備、そして密度で交渉の成否は決まる

◆学び六　手間を惜しまずやりたくなる夢を、リーダーは描くこと

◆学び七　夢の実現後、すぐに次の夢を描くことが人を育てる

◆学び八　有言実行の誓いと言霊（ことだま）が夢をかなえる

◆学び九　何ごとも最初が肝心、スピードも肝心

◆学び一〇　激論を闘わせたあとは真実が見える

◆学び一一　公平かつ誠実な商いはブランド価値を高める

◆学び一二　新規事業の成否は、ひとえに「ヒト」にあり

◆学び一三　農業はすべてのものづくりの源

◆学び一四　人はどうあがいても、大自然には敵(かな)わない

◆学び一五　いかなる場面でも、競争は力なり

◆学び一六　おいしい食事一度にもビジネスのタネはある

◆学び一七　まちづくりは成果以上に成果に至るプロセスが大事

◆学び一八　「夢」と「気」と「伝える」、この三つの力が人をその気にさせる

◆学び一九　伝えても、伝わらなければ、伝えたとはいえない

唐池恒二

＜協力＞

上口昌徳　斎藤由香　酒井米明　島田始　水戸岡鋭治　森久行　結城摂子
大塚オーミ陶業　フンドーキン醬油　ミヅマアートギャラリー

＜参考文献＞

『「国鉄マン」がつくった日韓航路～俺たちのプロジェクト「ビートル」物語』　渋田哲也　日本経済新聞社
『志高く　孫正義正伝　完全版』井上篤夫　実業之日本社
『店長の仕事―食堂業』井上恵次　柴田書店
『日本のコピー ベスト500』　宣伝会議
『心に残る名作コピー』　パイ インターナショナル
『スピードに生きる』本田宗一郎　実業之日本社
『阪神電鉄のひみつ』　PHP研究所
『阪急電鉄のひみつ』　PHP研究所
『JR九州30年史』　九州旅客鉄道

〈著者紹介〉

唐池恒二（からいけ・こうじ）
九州旅客鉄道株式会社　代表取締役会長

1953年4月2日生まれ。77年、京都大学法学部を卒業後、日本国有鉄道（国鉄）入社。87年、国鉄分割民営化に伴い、新たにスタートした九州旅客鉄道（JR九州）において、「ゆふいんの森」「あそBOY」をはじめとするD&S（デザイン&ストーリー）列車運行、博多～韓国・釜山間を結ぶ高速船「ビートル」就航に尽力する。また、大幅な赤字を計上していた外食事業を黒字に転換させ、別会社化したJR九州フードサービスの社長に就任。2002年には、同社で自らプロデュースした料理店「うまや」の東京進出を果たし、大きな話題を呼んだ。2009年6月、JR九州代表取締役社長に就任。2011年には、九州新幹線全線開業、国内最大級の駅ビル型複合施設「JR博多シティ」をオープン。2013年10月に運行を開始し、世界的な注目を集めたクルーズトレイン「ななつ星 in 九州」は、企画立案から自ら陣頭指揮を執った。2016年には同社の長年の悲願であった株式上場を実現。現在、同社代表取締役会長。（写真／白鳥真太郎）

表紙画、挿画／山口晃
ブックデザイン／ bookwall
編集／染川宣大

新鉄客商売
本気になって何が悪い

2017年9月20日　第1版第1刷発行

著　者　唐池恒二
発行者　安藤卓
発行所　株式会社ＰＨＰ研究所
京都本部　〒601-8411　京都市南区西九条北ノ内町11
マネジメント出版部　☎075-681-4437（編集）
東京本部　〒135-8137　江東区豊洲5-6-52
普及一部　☎03-3520-9630（販売）
PHP INTERFACE　http://www.php.co.jp/
組　版　朝日メディアインターナショナル株式会社
印刷所
製本所　凸版印刷株式会社

ISBN978-4-569-83858-8

PHPの本

鉄客商売

JR九州大躍進の極意

唐池恒二 著

鉄道の概念を変えた列車「ななつ星」はこの男から生まれた。JRだけでなく、九州を世界に発信した男が、その経営観、仕事観を語る。

定価 本体一、五〇〇円（税別）

ＰＨＰの本

道をひらく

松下幸之助 著

運命を切りひらくために。日々を新鮮な心で迎えるために――。人生への深い洞察をもとに綴った短編随筆集。40年以上にわたって読み継がれる、発行520万部超のロングセラー。

定価 本体八七〇円
(税別)

ＰＨＰの本

続・道をひらく

松下幸之助 著

身も心も豊かな繁栄の社会を実現したいと願った著者が、日本と日本人の将来に対する思いを綴った116の短編随筆集。『ＰＨＰ』誌の裏表紙に連載された言葉から厳選。

定価 本体八七〇円（税別）